ÉLÉMENTS DE GÉOGRAPHIE

PAR

... MAÎTRE DE CONFÉRENCES À L'ÉCOLE NORMALE DE SÈVRES ET F. SCHRADER

avec la collaboration de M. MARCEL DUBOIS

MAÎTRE DE CONFÉRENCES DE GÉOGRAPHIE À LA SORBONNE

COURS ÉLÉMENTAIRE

NOUVELLE ÉDITION

contenant les cartes en couleurs
et de nombreuses gravures

PARIS — LIBRAIRIE HACHETTE ET Cⁱᵉ

TABLEAU DES 86 DÉPARTEMENTS DE LA FRANCE

(L'ALGÉRIE NON COMPRISE)

DÉPARTEMENTS	RÉGIONS	CHEFS-LIEUX	ARRONDISSEMENTS
AIN	E.	BOURG	Gex, Nantua, Trévoux, Belley.
AISNE	N.	LAON	Saint-Quentin, Vervins, Soissons, Château-Thierry.
ALLIER	C.	MOULINS	Montluçon, Gannat, La Palisse.
ALPES (BASSES-)	S. E.	DIGNE	Barcelonnette, Sisteron, Forcalquier, Castellane.
ALPES (HAUTES-)	S. E.	GAP	Briançon, Embrun.
ALPES-MARITIMES	S. E.	NICE	Puget-Théniers, Grasse.
ARDÈCHE	C.	PRIVAS	Tournon, Largentière.
ARDENNES	N.	MÉZIÈRES	Rocroy, Sedan, Rethel, Vouziers.
ARIÈGE	S. O.	FOIX	Pamiers, Saint-Girons.
AUBE	N. E.	TROYES	Nogent-sur-Seine, Arcis-sur-Aube, Bar-sur-Seine, Bar-sur-Aube.
AUDE	S.	CARCASSONNE	Castelnaudary, Narbonne, Limoux.
AVEYRON	C.	RODEZ	Espalion, Villefranche, Milhau, Saint-Affrique.
BELFORT	N. E.		Seul arrondissement de l'ancien département du Haut-Rhin, conservé après 1870.
BOUCHES-DU-RHÔNE	S.	MARSEILLE	Arles, Aix.
CALVADOS	N. O.	CAEN	Bayeux, Pont-l'Évêque, Lisieux, Falaise, Vire.
CANTAL	C.	AURILLAC	Mauriac, Murat, Saint-Flour.
CHARENTE	O.	ANGOULÊME	Ruffec, Confolens, Cognac, Barbezieux.
CHARENTE-INFÉRIEURE	O.	LA ROCHELLE	Saint-Jean-d'Angély, Rochefort, Marennes, Saintes, Jonzac.
CHER	C.	BOURGES	Sancerre, Saint-Amand.
CORRÈZE	C.	TULLE	Ussel, Brive.
CORSE	S. E.	AJACCIO	Bastia, Calvi, Corté, Sartène.
CÔTE-D'OR	E.	DIJON	Beaune, Châtillon-sur-Seine, Semur.
CÔTES-DU-NORD	N. O.	SAINT-BRIEUC	Lannion, Guingamp, Dinan, Loudéac.
CREUSE	C.	GUÉRET	Boussac, Bourganeuf, Aubusson.
DORDOGNE	S. O.	PÉRIGUEUX	Nontron, Ribérac, Bergerac, Sarlat.
DOUBS	E.	BESANÇON	Montbéliard, Baume-les-Dames, Pontarlier.
DRÔME	S. E.	VALENCE	Die, Montélimart, Nyons.
EURE	N. O.	ÉVREUX	Pont-Audemer, Les Andelys, Louviers, Bernay.
EURE-ET-LOIR	N. O.	CHARTRES	Dreux, Nogent-le-Rotrou, Châteaudun.
FINISTÈRE	N. O.	QUIMPER	Morlaix, Brest, Châteaulin, Quimperlé.
GARD	S.	NÎMES	Alais, Uzès, Le Vigan.
GARONNE (HAUTE-)	S. O.	TOULOUSE	Muret, Saint-Gaudens, Villefranche.
GERS	S. O.	AUCH	Condom, Lectoure, Mirande, Lombez.
GIRONDE	S. O.	BORDEAUX	Lesparre, Blaye, Libourne, Bazas, la Réole.
HÉRAULT	S.	MONTPELLIER	Lodève, Saint-Pons, Béziers.
ILLE-ET-VILAINE	N. O.	RENNES	Saint-Malo, Fougères, Montfort, Vitré, Redon.
INDRE	C.	CHATEAUROUX	Issoudun, Le Blanc, La Châtre.
INDRE-ET-LOIRE	C.	TOURS	Chinon, Loches.
ISÈRE	S. E.	GRENOBLE	La Tour-du-Pin, Vienne, Saint-Marcellin.
JURA	E.	LONS-LE-SAULNIER	Dôle, Poligny, Saint-Claude.
LANDES	S. O.	MONT-DE-MARSAN	Dax, Saint-Sever.
LOIR-ET-CHER	C.	BLOIS	Vendôme, Romorantin.
LOIRE	C.	SAINT-ETIENNE	Roanne, Montbrison.
LOIRE (HAUTE-)	C.	LE PUY	Brioude, Yssingeaux.
LOIRE-INFÉRIEURE	O.	NANTES	Châteaubriant, Ancenis, Saint-Nazaire, Paimbœuf.
LOIRET	C.	ORLÉANS	Gien, Montargis, Pithiviers.
LOT	C.	CAHORS	Gourdon, Figeac.
LOT-ET-GARONNE	S. O.	AGEN	Marmande, Villeneuve, Nérac.
LOZÈRE	C.	MENDE	Marvéjols, Florac.
MAINE-ET-LOIRE	O.	ANGERS	Baugé, Cholet, Saumur, Segré.
MANCHE	N. O.	SAINT-LÔ	Cherbourg, Valognes, Coutances, Avranches, Mortain.
MARNE	N. E.	CHALONS	Reims, Sainte-Menehould, Epernay, Vitry-le-François.
MARNE (HAUTE-)	N. E.	CHAUMONT	Vassy, Langres.
MAYENNE	N. O.	LAVAL	Mayenne, Château-Gontier.
MEURTHE-ET-MOSELLE	N. E.	NANCY	Briey, Toul, Lunéville (Château-Salins et Sarrebourg, du département de la Meurthe, cédés à l'Allemagne).
MEUSE	N. E.	BAR-LE-DUC	Montmédy, Verdun, Commercy.
MORBIHAN	N. O.	VANNES	Pontivy, Ploërmel, Lorient.
NIÈVRE	C.	NEVERS	Clamecy, Cosne, Château-Chinon.
NORD	N.	LILLE	Dunkerque, Hazebrouck, Douai, Valenciennes, Cambrai, Avesnes.
OISE	N.	BEAUVAIS	Clermont, Compiègne, Senlis.
ORNE	N. O.	ALENÇON	Argentan, Domfront, Mortagne.
PAS-DE-CALAIS	N.	ARRAS	Boulogne, Saint-Omer, Béthune, Montreuil, St-Pol.
PUY-DE-DÔME	C.	CLERMONT-FERRAND	Riom, Thiers, Ambert, Issoire.
PYRÉNÉES (BASSES-)	S. O.	PAU	Bayonne, Orthez, Mauléon, Oloron.
PYRÉNÉES (HAUTES-)	S. O.	TARBES	Argelès, Bagnères.
PYRÉNÉES-ORIENTALES	S.	PERPIGNAN	Prades, Céret.
RHÔNE	E.	LYON	Villefranche.
SAÔNE (HAUTE-)	E.	VESOUL	Lure, Gray.
SAÔNE-ET-LOIRE	E.	MACON	Autun, Chalon, Louhans, Charolles.
SARTHE	N. O.	LE MANS	Mamers, Saint-Calais, La Flèche.
SAVOIE	E.	CHAMBÉRY	Albertville, Moutiers, Saint-Jean-de-Maurienne.
SAVOIE (HAUTE-)	E.	ANNECY	Thonon, Saint-Julien, Bonneville.
SEINE	N.	PARIS	Saint-Denis, Sceaux.
SEINE-ET-MARNE	N.	MELUN	Meaux, Coulommiers, Provins, Fontainebleau.
SEINE-ET-OISE	N.	VERSAILLES	Pontoise, Mantes, Rambouillet, Corbeil, Etampes.
SEINE-INFÉRIEURE	N. O.	ROUEN	Dieppe, Neufchâtel, Yvetot, Le Havre.
SÈVRES (DEUX-)	O.	NIORT	Bressuire, Parthenay, Melle.
SOMME	N.	AMIENS	Doullens, Abbeville, Péronne, Montdidier.
TARN	S.	ALBI	Gaillac, Lavaur, Castres.
TARN-ET-GARONNE	S. O.	MONTAUBAN	Moissac, Castel-Sarrasin.
VAR	S. E.	DRAGUIGNAN	Brignoles, Toulon.
VAUCLUSE	S.	AVIGNON	Apt, Carpentras, Orange.
VENDÉE	O.	LA ROCHE-SUR-YON	Les Sables-d'Olonne, Fontenay-le-Comte.
VIENNE	O.	POITIERS	Loudun, Châtellerault, Montmorillon, Civray.
VIENNE (HAUTE-)	C.	LIMOGES	Bellac, Rochechouart, Saint-Yrieix.
VOSGES	N. E.	ÉPINAL	Neufchâteau, Mirecourt, Saint-Dié, Remiremont.
YONNE	C.	AUXERRE	Sens, Joigny, Tonnerre, Avallon.

ÉLÉMENTS

DE

GÉOGRAPHIE

PAR

HENRY LEMONNIER   et   **FRANZ SCHRADER**

Maître de conférences à l'École normale de Sèvres.

COURS ÉLÉMENTAIRE

CONTENANT 82 GRAVURES OU CARTES DANS LE TEXTE ET 13 CARTES EN COULEUR TIRÉES A PART

CINQUIÈME ÉDITION REFONDUE

Avec la collaboration de **MARCEL DUBOIS,** maître de conférences de géographie à la Sorbonne.

PARIS

LIBRAIRIE HACHETTE ET CIE

79, BOULEVARD SAINT-GERMAIN, 79

1892

Droits de traduction et de reproduction réservés.

PRÉFACE

Cette nouvelle édition du Cours élémentaire reste fidèle de tout point aux principes qui avaient inspiré les précédentes.

Faire de la science géographique, non plus une nomenclature aride, mais bien véritablement la *description de la Terre*, exercer la mémoire sans la surmener, développer les facultés d'*observation* et de *raisonnement*, telles nous avaient semblé être les tendances de l'enseignement nouveau, telles les idées dont l'application est plus désirable encore dans les cours élémentaires que partout ailleurs.

C'est en évitant les longues énumérations, en préparant les enfants à apprendre ce qu'ils ne peuvent savoir du premier coup, en leur offrant un enseignement à la fois simple et concret, en les habituant à *regarder*, pour les façonner à *voir* et à *réfléchir*, que nous avions essayé de mettre en œuvre cette méthode. Nous n'avons plus besoin aujourd'hui de revenir sur ces idées, où nous nous trouvions d'accord avec beaucoup de géographes et d'éducateurs. Il nous sera pourtant permis de dire qu'elles ont reçu depuis dix ans une consécration officielle, aussi bien dans l'instruction secondaire que dans l'instruction primaire.

Nous pouvions dès lors faire sur certains points un nouveau pas en avant, sans craindre d'imprimer à l'enseignement une secousse trop violente. Aujourd'hui personne ne nous accusera de témérité pour n'avoir gardé de certaines habitudes que ce qu'elles ont de légitime et d'acceptable. C'est ainsi que nous ne subordonnons plus l'étude de notre pays à celle des bassins de fleuves, bien moins encore à celle des départements, et que nous faisons connaître la configuration du sol avant celle du littoral, qui n'en est que le contour extérieur.

Notre ouvrage n'est donc transformé ni dans son esprit ni dans sa composition. Il demeure un livre de géographie générale, parce que la géographie, par sa définition même, est la description de toute la Terre et des phénomènes terrestres.

Nous commençons par les définitions et les explications, sans lesquelles toute étude géographique ne serait rien que pure abstraction et nomenclature vide. Ce sont des notions sur lesquelles il faut insister, puisqu'elles fournissent la connaissance au moins élémentaire des lois générales, dont l'écolier verra plus tard les applications particulières. C'est par là qu'en étudiant, comme nous l'y invitons, les parties du monde d'abord, puis la France et son empire colonial, il commencera à se rendre compte des ressemblances et des différences qu'offrent les divers pays.

Tel qu'il est d'ailleurs, ce petit livre n'est pas fait pour remplacer entièrement le maître, mais pour l'aider, en résumant ses leçons à l'avance ou en en rappelant les points principaux. C'est à lui qu'appartient nécessairement le rôle le plus actif et le plus utile.

Les principales modifications introduites dans cette nouvelle édition sont les suivantes :

1° Nous avons donné des indications un peu plus développées sur l'Europe, sur les autres parties du monde, sur les colonies françaises.

2° Le nombre des cartes a été augmenté ; *toutes ont été faites à nouveau* ; elles contiennent les premières notions de géographie aussi bien politique que physique. Elles permettront à tous les élèves de suivre le texte, à des élèves plus studieux ou plus avancés de le compléter sur certains points.

Mais elles restent dessinées d'après la même méthode, et nous avons cherché, comme par le passé, à y concilier l'exactitude scientifique avec la clarté et la simplicité.

3° Nous avons placé au bas de chaque page des sujets de devoirs écrits. Pour faciliter le travail d'écoliers encore bien jeunes, nous les avons guidés en renvoyant toujours aux cartes afférentes et aux paragraphes du texte. En ce qui concerne les croquis à dessiner, nous avons surtout proposé des objets de formes arrêtées et simples, un fleuve, une presqu'île, un littoral, dont il est entendu que les élèves devront s'attacher à reproduire surtout les traits généraux. Le maître verra s'il doit conseiller l'emploi des cartes muettes ; il choisira, bien entendu, parmi les devoirs ceux qui lui paraîtront s'adapter à la force de ses élèves ; au besoin, nos questionnaires lui fourniraient de nombreux sujets analogues ou identiques.

4° Enfin, nous avons groupé à la dernière page du livre quelques devoirs de récapitulation. Les uns s'adressent surtout à la mémoire ; d'autres amèneront l'écolier qui a étudié tout le volume à y rechercher des notions de même ordre, et à les rapprocher pour en tirer des comparaisons ou des conséquences ; d'autres encore tendent à donner à l'enfant le goût et l'habitude d'observer et de se rendre compte à lui-même de ce qu'il a vu. S'ils contribuent à lui démontrer que la géographie est une science vivante, active, ils compléteront utilement les enseignements que nous avons essayé de donner dans cet ouvrage.

PREMIÈRE PARTIE

EXPLICATIONS ET DÉFINITIONS

1. La **Terre**, sur laquelle nous vivons, est très vaste, et nos yeux ne peuvent en apercevoir qu'une bien petite partie à la fois.

2. La limite au delà de laquelle nos yeux n'aperçoivent plus rien forme ce qu'on appelle l'**horizon**.

C'est une sorte de *cercle* qui borne notre vue de tous côtés et où la terre et le ciel semblent se toucher.

3. Le cercle borné par l'*horizon* peut être plus ou moins étendu. Il est très *vaste* dans les pays plats ou au milieu de la mer par un temps clair et calme, parce qu'alors rien n'arrête le regard. Plus on s'élève, plus l'horizon *s'élargit*. Du haut d'une montagne ou de la nacelle d'un ballon, on peut découvrir un horizon immense.

4. Mais nous savons toujours qu'au delà des maisons, des forêts, des montagnes qui nous apparaissent, il y a encore d'autres maisons, d'autres forêts, d'autres montagnes; qu'après les pays qui nous environnent, il y a des mers; après ces mers, d'autres pays encore.

Les marins, les soldats qui ont fait campagne aux colonies nous racontent leurs voyages lointains de trois, quatre, cinq mois sur terre et sur mer.

5. Ils nous disent aussi que tous les pays ne ressemblent pas au nôtre : les uns ont un climat *très chaud*, avec des plantes et des animaux particuliers; les autres sont presque toujours *glacés* et couverts de neige.

6. Les uns sont *très peuplés*; d'autres sont *déserts* ou parcourus par des hommes encore sauvages.

Dans certains pays les hommes sont noirs, dans d'autres, jaunes.

L'ensemble de ces pays forme la surface de la Terre.

7. La Terre est trop grande pour qu'aucun homme puisse en parcourir toute la surface.

La description qu'en donnent les géographes est faite d'après les récits des très nombreux voyageurs qui ont exploré les différents pays.

8. *La* **Géographie** *est la science qui nous fait connaître la* **Terre**.

Elle nous décrit les différentes parties qui la composent, leurs productions, leurs animaux; elle nous apprend comment y vivent les hommes.

Questionnaire.

Comment appelle-t-on la ligne qui limite nos regards? — Quand l'horizon est-il étendu? — Comment savons-nous qu'il y a encore d'autres pays au delà de l'horizon? — En quoi ces pays diffèrent-ils du nôtre? — Qu'avez-vous entendu raconter à leur sujet? — Qu'est-ce que la géographie? — Comment les géographes peuvent-ils essayer de décrire la terre entière qui est si vaste?

Que voyez-vous à l'horizon? — Qu'avez-vous entendu dire sur les pays qu'on rencontre en marchant un jour, deux jours, trois jours, en voyageant par le chemin de fer, en bateau, par les routes et chemins qui passent ici? — Vous faudrait-il marcher longtemps pour atteindre les objets les plus lointains que vous voyez du haut de votre maison? du haut du clocher? du haut d'un grand arbre? du haut de la colline voisine? — Quand vous y seriez arrivé, l'horizon serait-il encore le même, d'après ce qu'on vous a raconté? — Dans vos promenades, au bout de combien d'heures perdez-vous de vue le village, le clocher, l'arbre le plus haut du pays?

CHAPITRE I

LA TERRE, LE CIEL

9. *La* **Terre** *n'est pas plate*, ainsi qu'on pourrait le croire lorsqu'on n'en voit qu'une petite partie. Elle est ronde, ou peu s'en faut; elle a la forme d'un **globe**, d'une **sphère**, dont il est possible de faire le tour.

10. Il y a des navires qui font sans cesse le tour du monde, et bien des hommes l'ont fait plusieurs fois.

11. En allant toujours dans la même direction,

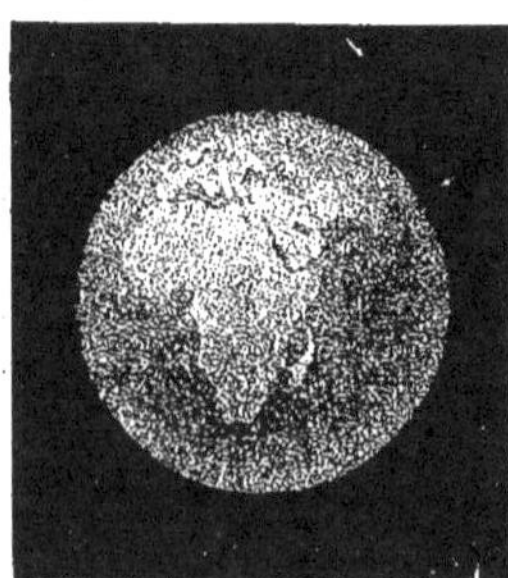

La Terre.

on tourne autour de la Terre, et l'on finit par se retrouver à son point de départ.

A mesure qu'on avance, on voit apparaître devant soi, à l'horizon, de nouveaux pays, de nouvelles montagnes, de nouvelles villes, de nouvelles mers, et l'on perd de vue l'espace qu'on a laissé derrière soi.

12. Le globe terrestre est immense; il a environ *quarante millions de mètres* de tour, ce qui fait *quarante mille kilomètres*; c'est ce qu'on appelle sa *circonférence*.

Un marcheur faisant quarante kilomètres par jour mettrait mille jours pour parcourir cette distance, si rien ne l'arrêtait.

Aujourd'hui, grâce aux rapides trajets en paquebots à vapeur et sur chemins de fer, on peut facilement faire le tour du monde en moins de trois mois.

13. Sur quelque point de la Terre qu'on se trouve, on a le **Ciel** au-dessus de soi. Ce *ciel*, c'est un espace sans bornes, où la Terre est flottante, comme un ballon dans l'air.

On aperçoit dans le ciel, pendant le jour, le **Soleil**; pendant la plupart des nuits, la **Lune**, et un nombre infini de points étincelants ou astres, dont les uns s'appellent **planètes** et les autres **étoiles**.

14. Le Soleil, la Lune, les planètes, les étoiles sont d'autres globes suspendus comme le nôtre dans l'espace.

Le Soleil *brille*, il *éclaire* et *échauffe* la Terre.

15. Les *étoiles* sont semblables au *Soleil* et brillent comme lui, mais sont placées trop loin de la Terre pour l'éclairer et l'échauffer.

Les *planètes* sont semblables à la *Terre*, et reçoivent leur lumière du Soleil.

16. C'est le **Soleil** qui forme le centre de notre monde; la Terre et les autres planètes l'entourent et circulent autour de lui.

17. La Lune tourne autour de la Terre, elle l'accompagne, lui fait escorte, et est appelée pour cette raison son *satellite*.

Questionnaire.

Quelle est la forme de la Terre? — Expliquez ce qu'on entend par les mots « faire le *tour* du monde ». — Qu'appelle-t-on circonférence du globe terrestre? — Quelle est la longueur de cette circonférence? — Expliquez le mot Ciel. — Comment appelez-vous les masses rondes comme la Terre et qui flottent comme elle dans l'espace?

MOUVEMENT DE LA TERRE

18. *Notre* **Globe** *n'est pas immobile*, et ce n'est pas le Soleil qui tourne autour de nous, comme on le croirait au premier abord.

19. L'apparence nous fait voir le contraire de la réalité. Il en est de même quand nous sommes emportés par un train de chemin de fer : le paysage paraît se déplacer, tandis que c'est nous qui nous déplaçons. La Terre nous emportant avec elle, nous ne sentons pas son mouvement.

20. La Terre décrit un grand cercle autour du Soleil. Ce mouvement, qu'on appelle **révolution**, s'accomplit en un an, c'est-à-dire en 365 jours et quelques heures.

21. En même temps, la Terre tourne et pivote continuellement sur elle-même, comme autour d'une grande aiguille qui la traverserait. C'est le mouvement de **rotation** ; il s'accomplit en *vingt-quatre heures*, et mesure ainsi les *jours*.

22. Dans son mouvement de *rotation*, la Terre présente successivement au Soleil les différentes parties de sa surface ; et, comme c'est le Soleil qui nous éclaire, les diverses

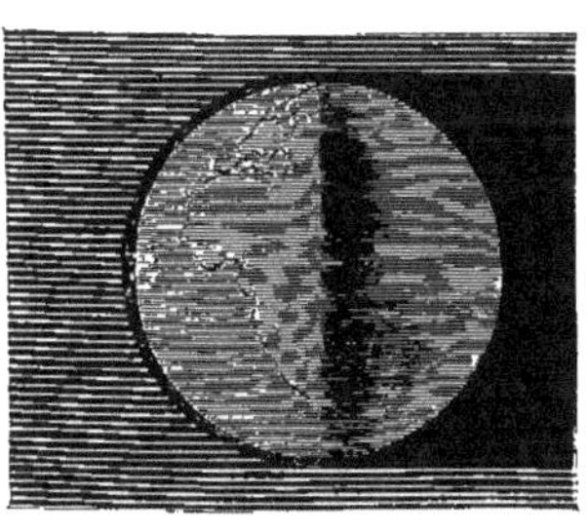

Jour et nuit.

régions du globe ont, chacune à leur tour, le **jour** quand elles sont en face du Soleil, et la **nuit** quand elles sont de l'autre côté.

Il y a toujours une moitié de la Terre où il fait *jour*, l'autre où il fait *nuit*.

23. Ainsi, quand le Soleil semble s'élever au-dessus de l'horizon, c'est la rotation de la Terre qui nous ramène en face de lui ; et quand il semble s'abaisser, c'est la rotation qui continue et qui amène en face du Soleil d'autres parties de la Terre. Mais il nous apparaît toujours du même côté, et disparaît toujours à nos yeux du côté opposé.

24. Au lever du Soleil, notre pays sort de l'ombre ; à midi, il reçoit en plein la lumière et la chaleur ; au coucher, il rentre dans l'ombre.

Questionnaire.

La Terre est-elle immobile? — La Terre est-elle, comme on l'a cru longtemps, le centre du monde? — Par quelles comparaisons pouvez-vous expliquer l'illusion qui nous fait croire que le Soleil se déplace? — Qu'appelle-t-on révolution de la Terre? — En combien de temps s'accomplit cette révolution? — Qu'est-ce que le mouvement de rotation de notre globe? — Pourquoi avons-nous tantôt le jour, tantôt la nuit? — Comment divisez-vous les astres? — Qu'est-ce que les étoiles? — Qu'est-ce que les planètes? — Le Soleil est-il une étoile ou une planète? — Et la Terre? — Est-il juste de dire : « Le Soleil se lève, s'abaisse, se couche »? — Expliquez, à l'aide de boules quelconques, le mécanisme du mouvement de la Terre autour du Soleil. — Marquez sur une de ces boules un point qui représentera votre pays et expliquez, en la faisant tourner autour d'une lumière, et sur elle-même, la succession des jours et des nuits.

LES POINTS CARDINAUX

25. Quand nous marchons dans une région que nous connaissons bien, il nous est facile d'indiquer et de désigner notre direction ; nous disons qu'il faut passer par tel coin de bois, le long de tel ou tel ruisseau, près d'une roche, etc.

26. Mais pour reconnaître la position de toutes les parties de la Terre les unes par rapport aux autres, pour les mesurer, pour en dresser la carte géographique, il a fallu établir des points sur lesquels tous les hommes puissent sûrement se guider.

On détermine ces points en considérant les endroits de l'horizon où se lève et se couche le Soleil.

27. C'est donc la position du Soleil et des astres par rapport à la Terre qui nous permet de déterminer les différents points de l'horizon.

On a tout d'abord fixé quatre points principaux, qu'on appelle **points cardinaux**.

28. Ces points sont : l'**Est**, l'**Ouest**, le **Nord** et le **Sud**.

L'**Est** est le point où nous voyons apparaître le Soleil le matin. On l'appelle aussi *Levant* ou *Orient*.

L'**Ouest** est le point où nous voyons le Soleil disparaître chaque soir. Il porte aussi les noms de *Couchant* ou d'*Occident*.

29. Si nous étendons la main droite vers l'Est, la main gauche vers l'Ouest, le point de l'horizon qui est juste devant nous s'appelle **Nord** ou *Septentrion*, celui qui est derrière nous s'appelle **Sud** ou *Midi*.

Lever du Soleil, orientation.

Le **Sud** ou *Midi* est donc le point opposé au Nord.

30. Pendant la nuit, la Lune paraît souvent ; de même que le Soleil, elle s'élève à l'*Est* et disparaît à l'*Ouest*. Elle peut donc servir aussi à déterminer les points cardinaux.

On peut encore les trouver au moyen d'une *étoile*, qui se montre toujours dans la direction du *Nord*. C'est l'**étoile polaire**, qui, bien longtemps, a servi aux naviga-

teurs pour diriger leurs navires pendant la nuit.

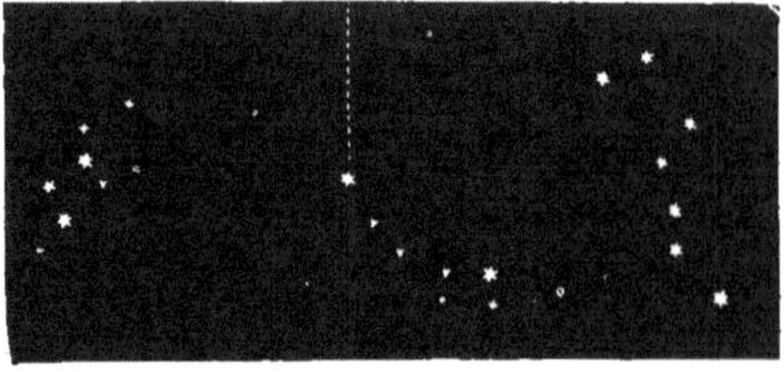

L'étoile polaire.

31. On se sert aussi, pour reconnaître les divers points de l'horizon, d'un instrument appelé **boussole**.

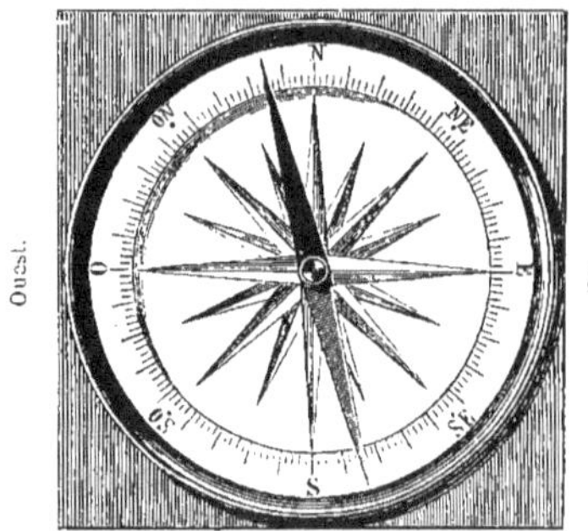

Boussole.

32. C'est un cadran au centre duquel une aiguille d'acier est fixée sur un pivot très fin.

La pointe de cette aiguille qui est aimantée se tourne d'elle-même vers le Nord, et, si on l'en écarte, elle revient toujours dans la même direction.

33. De la sorte, les marins n'ont qu'à observer la boussole pour connaître la situation du Nord et se guider en pleine mer, même quand le brouillard ou les nuages ne leur laissent voir ni le Soleil, ni la Lune, ni les étoiles.

34. *S'orienter, c'est se diriger sur la terre ou sur la mer en se servant des points cardinaux.*

Si, par exemple, un village, une forêt, une montagne, que nous voyons à l'horizon, sont situés du côté où se couche le Soleil, nous les disons situés à l'ouest du lieu où nous nous trouvons.

Comment distingue-t-on les uns des autres les divers points de l'horizon que nous découvrons autour de nous? — Combien y a-t-il de points cardinaux? — Où est l'Est ou Levant? l'Ouest ou Couchant? le Nord ou Septentrion? le Sud ou Midi? — Quel côté de l'école est exposé au Soleil levant? — Quel côté est exposé au Soleil couchant? — Si vous savez de quel côté le Soleil se couche, pouvez-vous dire où il se lèvera le lendemain? — De quel côté la Lune se lève-t-elle? — Comment peut-on, sans le Soleil et la Lune, déterminer les points cardinaux? — Où est l'étoile polaire et quelle direction indique-t-elle? — Déterminez la position du clocher de l'église et des clochers que vous voyez dans les environs. — Dans quelle direction (nord? sud? etc.) marchez-vous pour aller vers chacun des villages voisins?

Qu'est-ce que la boussole? — Comment vous servez-vous de la boussole le soir pour trouver tout de suite l'étoile polaire? — Comment ferez-vous, au moment du coucher du soleil, pour indiquer l'endroit du ciel où vous verrez peu de temps après l'étoile polaire? — L'un de vous a-t-il une boussole? — Comment vous en servirez-vous dans des champs situés loin d'ici pour choisir l'exposition du levant, celle du midi? — Prenez cette boussole, allez vous promener sur la plus sinueuse des routes du pays et racontez-moi par écrit ce qu'a fait l'aiguille aimantée à chaque tournant, et ce que ses mouvements vous ont appris.

CHAPITRE II

TERRES, MERS, ATMOSPHÈRE

35. La surface du globe est partagée en deux parties bien différentes l'une de l'autre : la **terre ferme** et la **mer**.

36. La **terre** proprement dite forme une masse solide; en certaines parties, elle est comme bosselée, elle s'élève et forme des montagnes, en d'autres elle se creuse.

C'est dans les parties les plus creuses que sont rassemblées les eaux de la mer.

37. La **mer** est un *grand amas d'eau salée*. C'est de l'eau de la mer que vient la majeure partie du sel que nous employons.

La mer est plus ou moins profonde; sur bien des points, le fond est à *plusieurs milliers de mètres* au-dessous de la surface.

En certains endroits le sol forme dans la mer de véritables montagnes que nous ne voyons pas. Quand elles sont assez hautes

pour apparaître au-dessus de la surface des eaux, ce sont des îles.

Presque partout l'eau est transparente, d'un bleu ou d'un vert plus ou moins foncé.

38. La mer a, comme la terre, des plantes, des animaux ; elle est peuplée d'innombrables poissons, de coquillages, etc.

39. Deux fois par jour à peu près, *un gonflement*, qu'on appelle **marée**, *soulève*, puis *abaisse* la surface des mers.

Ce mouvement est produit par le passage de la Lune et du Soleil, qui attirent, puis laissent redescendre les différentes parties de la masse liquide.

On nomme **flux** le mouvement de montée de l'eau, **reflux** le mouvement de descente.

40. De plus, la mer est agitée par le vent, qui forme à sa surface des ondulations appelée **vagues** ou *lames*.

Parfois ces ondulations sont à peu près nulles, et alors la mer paraît calme comme une nappe d'huile. D'autres fois, ce sont comme des montagnes d'eau, qui s'élèvent à 5, 10, 12 mètres, et brisent tout ce qui leur fait obstacle.

41. Enfin, des **courants** froids ou chauds transportent l'eau des océans d'un point à un autre.

42. Entre la Terre et les astres qui nous entourent, l'espace où flottent les nuages semble pendant les beaux jours rempli d'une *lueur bleue*.

Cette lueur bleue est produite par l'**air** ou **atmosphère**, qui enveloppe notre globe.

L'air est transparent et très léger.

43. Sans l'air, nous ne pourrions vivre. C'est l'air qui entre dans notre poitrine quand nous respirons. C'est lui qui porte les nuages; c'est lui qui protège la Terre contre la trop grande chaleur ou le trop grand froid.

44. S'il n'était pas entre nous et le Soleil, nous serions aveuglés et brûlés aussitôt que le Soleil paraîtrait sur l'horizon; puis nous

serions plongés tout d'un coup dans la nuit et dans le froid, aussitôt qu'il aurait disparu.

45. Lorsque l'air est tranquille, nous ne le sentons pas; mais, aussitôt qu'il se déplace, il produit le **vent**.

Si l'air se déplace lentement, le vent est faible; mais, à mesure que le mouvement augmente, nous sentons le vent devenir plus fort.

46. Les *ouragans*, les *trombes*, les *cyclones* sont des mouvements extrêmement violents de l'atmosphère.

Ils soulèvent les vagues à des hauteurs extraordinaires, brisent les navires; sur terre, ils déracinent les arbres, renversent parfois les maisons elles-mêmes.

Questionnaire.

Comment est partagée la surface du globe? — Où sont rassemblées les eaux de la mer? — Qu'est-ce que la mer? — L'eau de mer nous fournit-elle une précieuse denrée d'alimentation? — La profondeur de la mer est-elle partout la même? — Qu'appelez-vous marée? — A quelle influence est due la marée? — Qu'est-ce que le flux? — Qu'est-ce que le reflux? — Qu'est-ce qu'une vague? — Quelle est la hauteur des grandes vagues? — Qu'est-ce qu'un courant? — La mer a-t-elle ses plantes et ses animaux? — Quels animaux marins connaissez-vous? — Desquels vous nourrissez-vous? — Qu'est-ce que l'atmosphère? — Quelle est l'utilité de l'air? — Que se passerait-il si l'air n'entourait pas notre globe? — Qu'est-ce que le vent? — Quels sont les effets d'un vent violent sur terre? sur mer? — Qu'appelez-vous ouragans, trombes, cyclones? — Que vous a-t-on raconté sur les ravages des plus terribles tempêtes qu'a subies votre pays? — Avez-vous entendu à ce sujet quelque récit d'un marin, d'un voyageur?

CLIMATS, SAISONS, CHALEUR ET FROID

47. Toutes les parties de la Terre ne reçoivent pas du Soleil la même quantité de chaleur. Les unes sont brûlantes, d'autres très froides, d'autres *tempérées*, comme celle que nous habitons. De ces différences résulte la variété des **climats**.

48. Dans le même pays, il fait tantôt *plus chaud* et tantôt *plus froid*, suivant la position du *Soleil* au-dessus de l'horizon.

Pays froid.

Il y a quatre saisons : le Printemps, l'Été, l'Automne et l'Hiver.

En été, nos pays reçoivent plus de chaleur; en hiver, nous en recevons moins. Le printemps et l'automne sont deux saisons intermédiaires entre le froid et la chaleur.

49. D'autres pays ont deux saisons, l'une *sèche*, l'autre *humide*, et toutes deux très chaudes. Dans certaines contrées, le climat est si constant, durant toute l'année, qu'on aurait peine à y distinguer des saisons.

Autour des deux pôles le froid ne cesse jamais.

Questionnaire.

Tous les pays ont-ils le même climat ? — Quelles sont les saisons de nos régions tempérées? — Tous les pays ont-ils le même nombre de saisons? — Tous les pays ont-ils des saisons bien distinctes? — Quelle différence remarquez-vous, dans votre pays, entre le printemps et l'automne? — Quelle est dans notre pays la saison où il pleut le plus?

Pays chaud.

CHAPITRE III

DES MOYENS DE REPRÉSENTER LA TERRE OU QUELQUES-UNES DE SES PARTIES — GLOBES ET CARTES GÉOGRAPHIQUES

GLOBES

50. Pour représenter l'ensemble ou une partie de la surface de la Terre, on se sert des **globes** et des **cartes géographiques**.

51. Un **globe géographique** est un instrument qui a, en petit, la forme du globe terrestre, et sur lequel on marque les terres et les mers.

52. Pour cela, on commence par prendre certaines mesures, qui permettront d'indiquer exactement la place occupée par chaque point.

On détermine d'abord l'emplacement des deux **pôles**.

53. Nous savons que le globe tourne sur lui-même, comme une boule traversée par une aiguille qu'on roulerait dans ses doigts.

54. On appelle **axe** la ligne qui est ainsi censée traverser la Terre en passant par son centre.

55. Les deux pôles sont les deux points de la Terre situés à l'extrémité de l'*axe*.

L'un s'appelle **pôle Nord** ou **Arctique**.

L'autre, à l'opposé du premier, s'appelle **pôle Sud** ou **Antarctique**.

56. Pour mesurer le globe du Nord au Sud, on marque, à égale distance des deux pôles, une ligne circulaire appelée **Équateur**, qui partage le globe en deux *demi-sphères* ou *hémisphères* : l'hémisphère *boréal*, ou hémisphère du Nord, et l'hémisphère *austral*, ou hémisphère du Sud.

57. Le premier comprend les parties situées entre l'équateur et le pôle Nord, le second les parties situées entre l'équateur et le pôle Sud. (Voir la carte, p. 20.)

58. Puis, entre l'équateur et chacun des pôles, on trace d'autres cercles qui se rapetissent à mesure qu'ils se rapprochent des extrémités du globe.

On peut se figurer ces cercles comme ceux qui séparent les quartiers d'une orange quand on la divise en tranches.

59. Ces lignes circulaires sont désignées sous le nom de **parallèles**.

60. Puis on trace un certain nombre de *cercles* qui viennent se couper tous aux deux pôles, exactement comme les côtes d'un ballon, ou les *quartiers* d'une orange se rencontrent au sommet et à la base.

Ces cercles sont désignés sous le nom de **méridiens**.

Les méridiens et les parallèles se coupent.

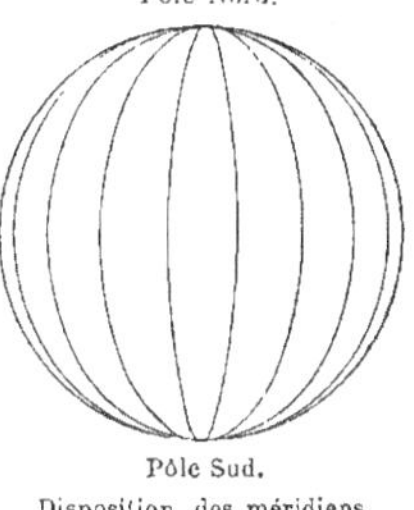

Disposition des parallèles.

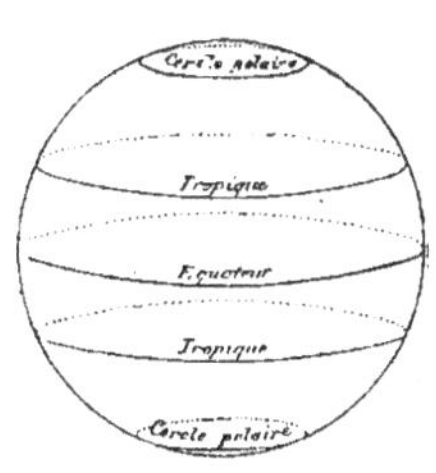

Disposition des méridiens.

Le globe artificiel est ainsi recouvert d'une sorte de réseau formé de **méridiens** et de **parallèles** entre-croisés. (V. p. 10.)

61. A une certaine distance des *deux pôles*, et par conséquent autour de deux points opposés de la Terre, sont marqués sur le globe deux cercles parallèles, appelés **cercles polaires**.

A la même distance de l'*équateur* sont également marqués, l'un au nord, l'autre au sud, deux autres cercles, appelés **tropiques**.

Cercles polaires et tropiques.

62. Autour de l'*équateur*, et entre les tropiques, s'étend la **zone torride**; entre

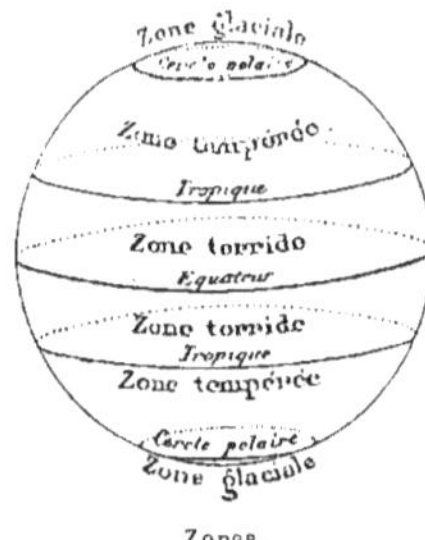

Zones.

les *tropiques* et les *cercles polaires*, se trouvent les **zones tempérées**, et autour des *deux pôles*, les **zones glaciales**.

63. A l'aide de ces différentes mesures, on indique sur le globe géographique la

place des *terres* et des *mers*, le tracé des *rivières*, la position des *villes*, etc.

Questionnaire.

De quoi se sert-on pour représenter l'ensemble ou une partie de la surface de la Terre? — Comment procède-t-on pour marquer sur un globe la place des contrées, des villes, etc.? — Expliquez ce que sont les pôles. — Quels sont les divers noms des deux pôles? — Comment s'appelle le grand cercle qui divise le globe en deux parties égales? — Quel nom donne-t-on à chacune de ces parties? — Comment a-t-on divisé à leur tour chacun des deux hémisphères? — Comment trace-t-on les cercles appelés parallèles? — Expliquez la manière de les tracer en prenant pour terme de comparaison une orange, un melon, une pomme. — A quoi servent les parallèles?

Comment tracez-vous les méridiens sur un globe? — Expliquez leur tracé en le comparant à la manière de couper les mêmes fruits. — A quoi pouvez-vous comparer familièrement le réseau des parallèles et des méridiens qui se croisent? — Qu'appelle-t-on tropiques? — Qu'appelle-t-on cercles polaires? — Quelles sont les limites de la zone torride? de chacune des zones tempérées? des zones glaciales?

64. On peut aussi représenter la Terre ou une partie de la Terre sur des surfaces plates, sur une feuille de papier : c'est ce qu'on appelle faire une **carte géographique** ou un **plan**.

Pour représenter les différentes parties de la Terre, on dessine les objets *les uns à côté des autres*, et tout *à plat*, comme si on les regardait d'en haut. On obtient ainsi un **plan** ou une **carte**.

65. Un **plan** représente ce qui se trouve dans un petit espace, comme une maison, un jardin, une ville.

Une **carte** représente une étendue beaucoup plus considérable, comme les environs de la ville, ou un pays, ou plusieurs pays, ou même toute la surface de la Terre.

Fig. 1.

Quand elle représente la Terre tout entière, elle porte le nom de **mappemonde**.

66. Pour bien nous figurer le dessin d'une

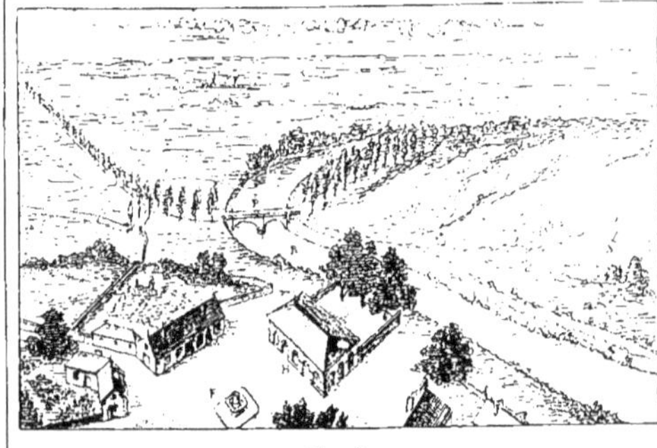

Fig. 2.

carte, imaginons des choses que nous pouvons voir tous les jours : la place publique d'un village, par exemple, avec la *halle* (H); une *fontaine* (F); un *pont* (P); une *rivière* (R). Le clocher est sur la gauche (fig. 1).

67. Si nous montons sur ce clocher, nous apercevrons le paysage d'en haut, *et il commencera à nous apparaître de plus en plus obliquement* (fig. 2).

68. Si maintenant nous nous élevions en ballon et si nous passions exactement au-

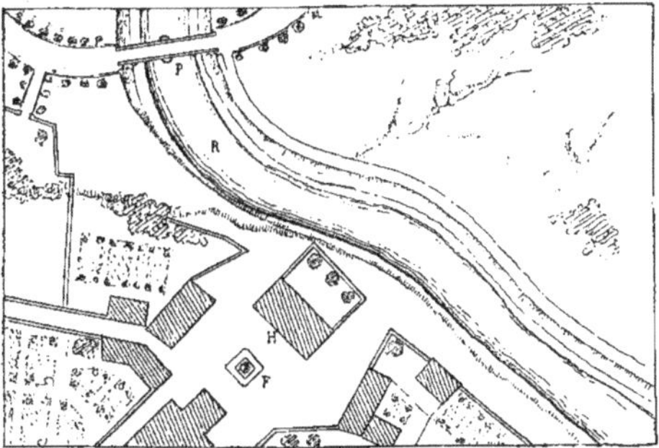

Fig. 3.

dessus de la place, nous la verrions *en plan*, c'est-à-dire sous l'aspect d'une *carte géographique*, où *tout est comme aplati* (fig. 3).

69. Les **cartes** peuvent être plus ou moins grandes par rapport aux objets; ce rapport, c'est ce qu'on appelle l'**échelle** de la carte. Plus la carte représente d'espace sur une feuille de même grandeur, plus l'échelle doit être petite, et plus chaque objet se rapetisse et se simplifie.

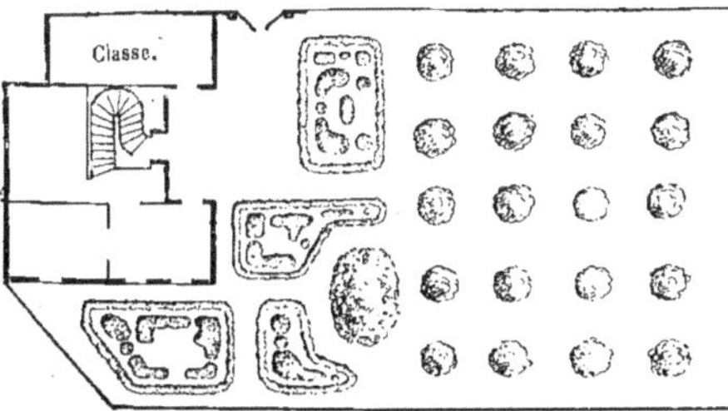

Fig. 4. — Maison et jardin de l'école.

70. Par exemple, voici un plan (à grande échelle) qui représente une *maison d'école avec son jardin* (fig. 4).

71. Si nous voulons, sur la même feuille de

Ville où se trouve l'école.

papier, représenter *toute la ville* où est l'école, la maison et le jardin se confondent, la place manquant pour figurer le détail.

Si enfin, autour de la ville, nous représentons sur la même surface de papier *tout le pays* environnant, c'est la ville qui, à son

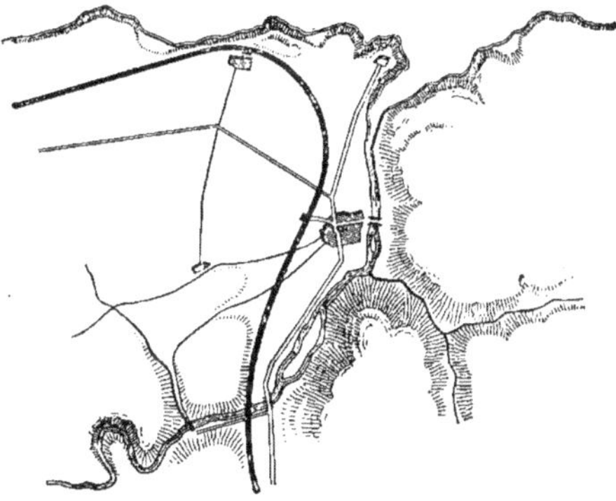

Pays où se trouve la ville.

tour, se rapetissera, et l'on ne verra plus du tout la maison.

72. *Si l'échelle devient plus petite encore,* c'est-à-dire si la même feuille de papier doit représenter une grande étendue de pays, la *ville* entière finira par être figurée par un *simple point.* Elle pourra même dis-

paraître complètement, si elle n'est pas très importante.

73. On a pris l'habitude d'orienter les cartes en mettant toujours les points cardinaux à la même place : le **Nord** en haut; le **Sud** en bas; l'**Est** à droite; l'**Ouest** à gauche.

Questionnaire.

Qu'est-ce qu'une carte géographique? — Les cartes géographiques sont-elles une représentation aussi fidèle de la Terre que les globes? — Quelle différence existe entre une carte et un globe? — Qu'est-ce qu'un plan? — Qu'est-ce qu'une mappemonde? — Qu'appelle-t-on l'échelle d'une carte? — Quand dit-on d'une carte qu'elle est à petite échelle? à grande échelle?

Où met-on toujours les points cardinaux sur les cartes? — Comment vous servirez-vous d'une boussole pour placer le nord, qui est en haut de votre carte, dans la vraie direction du Nord? — Tournez l'Est de votre carte vers la vraie direction du Nord, en vous guidant sur le point où paraît le soir l'étoile polaire. — Orientez bien votre carte le matin en observant le lever du Soleil, le soir en observant le coucher. Dites comment vous y réussirez.

Côtes de la Méditerranée à Collioure.

CHAPITRE IV

FORMES DES TERRES ET DES MERS

74. Les différentes parties de la surface du globe présentent des formes très diverses. La *terre ferme* a des régions hautes, d'autres basses; des cours d'eau dont la longueur, la richesse en eau, la rapidité sont fort variables. La *mer* est naturellement beaucoup plus monotone, bien qu'elle ait ses courants, ses profondeurs médiocres ou immenses, ses plantes, ses animaux.

La rencontre de la terre ferme et de la mer donne lieu à des formes particulières qui constituent les *côtes*.

FORMES ET PRINCIPAUX PHÉNOMÈNES
DE LA TERRE FERME

75. Le fait qui nous frappe le plus vivement à la surface de la terre ferme, c'est l'existence de pays bas et plats, d'autres élevés et accidentés.

On donne le nom de *relief du sol* à l'ensemble de ces mouvements du terrain, de ces plis de la surface.

Ce nom de **relief** rend bien l'aspect des pays qui se *relèvent* en masses plus ou moins considérables au-dessus du fond ou du niveau de la mer.

76. Une **plaine** est une *étendue de terrain à peu près plate et peu élevée.*

Chaîne de montagnes. — Les Pyrénées.

Un **plateau** est une étendue également plate, comme le nom l'indique, mais plus élevée que le niveau des plaines.

 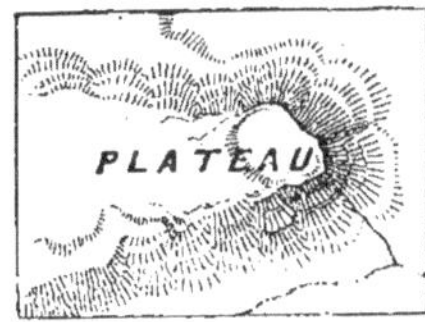

Plateau.

On appelle **montagnes** les *grandes inégalités de terrain*; ce sont les parties de la terre qui *montent*.

La **cime** d'une montagne en est le point le plus élevé.

77. Les montagnes ne sont presque jamais isolées, mais groupées en masses importantes de différentes formes.

78. Tantôt c'est un ensemble confus de soulèvements du sol, avec les aspects les plus différents; on appelle ce genre de montagnes **massifs**, à cause de la grande *masse* de terre ainsi surélevée au-dessus des pays environnants.

79. Souvent aussi ce sont de *longues rangées de hauteurs*, qu'on appelle **chaînes de montagnes**; il en est qui se développent sur des milliers de kilomètres.

Tantôt un plateau est comme encadré entre des *montagnes* qui lui forment des **bordures**.

On doit donc dire qu'il y a divers **systèmes de montagnes**, c'est-à-dire des combinaisons nombreuses de massifs, de chaînes, de plateaux. Rarement un pays montagneux est d'aspect uniforme et régulier.

80. On appelle **faîte** ou *ligne de faîte* d'une chaîne de montagnes la ligne qui domine les deux pentes opposées. Un massif peut avoir plus d'une ligne de faîte, puisqu'il a beaucoup plus de deux pentes.

81. Les **sommets**, c'est-à-dire les points les plus élevés des montagnes, portent différents noms, suivant leurs formes. On appelle *pics*, *dents*, etc., les sommets pointus; *dômes*, *ballons*, ceux qui sont arrondis; *tours*, ceux qui se terminent par une carrure nette.

82. On réserve le nom de **colline** à une

montagne de très petite dimension. Une *petite colline*, ou le *penchant d'une colline*, s'appelle un *coteau*.

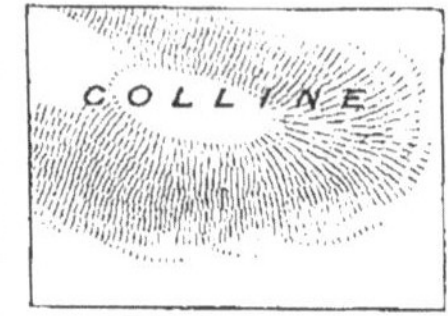

Colline.

83. On nomme **vallées** des *portions du sol enfermées entre des parties plus élevées*.

Un **vallon** est une petite vallée.

Vallée.

Une **gorge** ou un **défilé** est un passage de vallée qui se resserre entre des hauteurs.

84. On nomme **col** une coupure, un *abaissement* du sol entre deux cimes. Les cols servent de passage d'un côté d'une montagne à l'autre côté.

85. Un **volcan** est une montagne *qui*

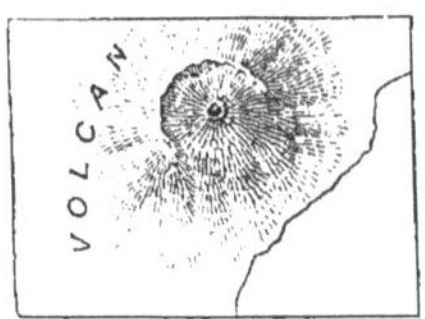

Volcan.

rejette des matières enflammées et liquides venues de l'intérieur du globe.

Les bouches qui vomissent ces matières s'appellent *cratères*.

Questionnaire.

Distinguez la terre ferme, la mer, les côtes. — Qu'appelez-vous relief du sol? — Que veut dire ce mot et d'où vient-il? — Qu'est-ce qu'une plaine? un plateau? — Qu'est-ce que les montagnes? — Distinguez plusieurs espèces de montagnes. — Qu'appelez-vous un massif montagneux? une chaîne de montagnes? — Les plateaux sont-ils parfois associés aux montagnes? — Qu'est-ce que la cime, le sommet d'une montagne? — Quels sont les termes différents dont on se sert pour désigner les sommets? — Pourquoi ces termes sont-ils différents? — Qu'est-ce que le faîte, la ligne de faîte d'une chaîne de montagnes? — Toutes les espèces de montagnes ont-elles des lignes de faîte? — Qu'est-ce qu'une colline? — Qu'est-ce qu'une vallée? une gorge? un col? — Qu'est-ce qu'un volcan? — Comment s'appelle la bouche d'un volcan?

FORMES PRINCIPALES DES MERS ET DES CÔTES

86. L'endroit où se rencontrent les terres et les mers s'appelle *côte, rivage* ou *littoral*.

87. La **forme** et l'**aspect des côtes** dépendent du relief de la terre ferme. Le long d'un pays de montagnes, la mer est profonde, la côte découpée; le long d'un pays de plaines, l'eau est peu profonde, et la côte décrit peu de détours.

Les côtes des pays montagneux sont en général plus favorables à la navigation; c'est là que vivent les peuples maritimes dont les navires sillonnent au loin les océans.

88. Lorsqu'une partie de la mer pénètre entre deux ou plusieurs saillies des terres, on dit qu'elle y forme un **golfe.** Il y a des

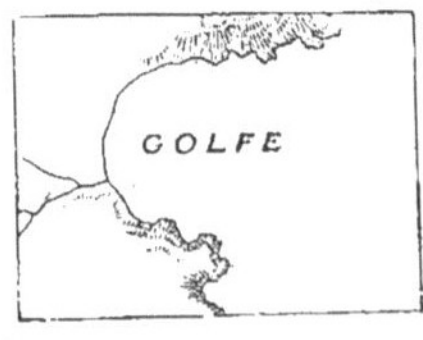

Golfe.

golfes largement ouverts, d'autres très découpés à l'intérieur, et dont l'entrée est étroite.

En général, un petit golfe porte le nom de *baie* ou d'*anse*.

Une **rade**, un **havre** sont des *endroits abrités où peuvent s'arrêter les navires*.

89. On appelle **détroit** une *partie de mer étroitement resserrée entre deux terres*, et faisant communiquer l'une avec l'autre deux étendues de mer.

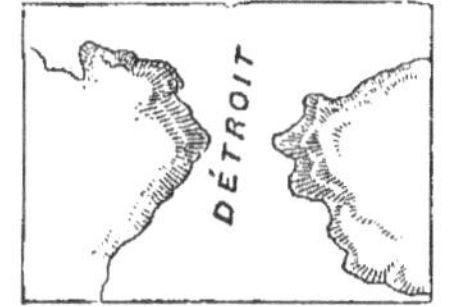

Détroit.

90. Un **cap** est une *avancée de terre*, qui se prolonge avec une saillie suffisante au mi-

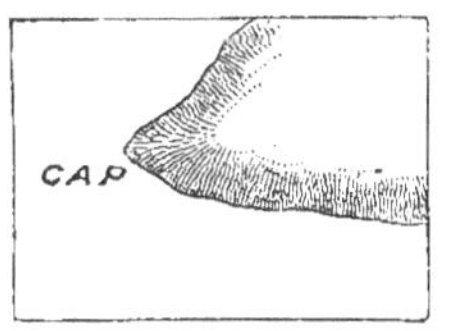

Cap.

lieu des eaux. Le cap est quelquefois appelé *pointe* ou *promontoire*.

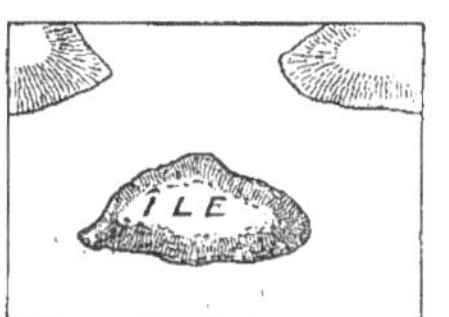

Île.

91. Une **île** est une étendue de terre entourée d'eau de toutes parts.

Un **archipel** est un **groupe d'îles**.

Un **îlot** est une très petite île.

92. Une **presqu'île** ou **péninsule** est une étendue de terre que la mer entoure presque

Presqu'île.

entièrement. C'est *presque une île*, mais elle est reliée à la terre par un côté; ce côté peut d'ailleurs être large ou étroit.

Un **isthme** est une *partie de terre res-*

serrée *entre deux parties de mer*, et rattachant deux terres l'une à l'autre.

Questionnaire.

Qu'est-ce qu'une côte? — Quelles sont les côtes les plus favorables à la navigation? — Qu'est-ce qu'un golfe? un détroit? un cap? une île? un archipel? une presqu'île? un isthme? — Donnez les autres noms que portent la côte, le golfe, le cap, la presqu'île, etc.

NOMS RELATIFS AUX COURS D'EAU

93. Les **eaux** qui arrosent la terre ferme sont toutes fournies par la mer.

94. Le soleil *pompe* les eaux de la mer. Celles-ci forment des vapeurs légères, qui s'élèvent dans l'atmosphère et en se réunissant deviennent des *nuages*. Les vapeurs des nuages retombent en pluie ou en neige sur les plaines et sur les montagnes.

95. Tantôt les eaux s'enfoncent dans le sol pour rejaillir plus loin; tantôt, quand le terrain est dur et rocheux, elles s'écoulent immédiatement à la surface. Dans tous les cas, elles donnent naissance aux *cours d'eau*, qui parcourent les vallées et les plaines, et retournent enfin se perdre dans la mer.

96. Ainsi, l'eau devient *nuage*, le nuage *pluie*, la pluie *cours d'eau*. L'eau *circule donc perpétuellement*, s'élevant en vapeur du grand réservoir de la mer, pour y rentrer après avoir arrosé et fertilisé la surface des continents.

97. Sur les hautes montagnes, d'où descendent la plupart des grands fleuves, l'eau tombe le plus souvent en **neige**, car plus on s'élève, plus il fait froid.

Cette neige ne fond pas en entier, même pendant l'été; aussi, à partir d'une certaine hauteur, les montagnes sont-elles couvertes de **neiges persistantes**.

98. Les **glaciers** sont de *grands amas de neige durcie et transformée en glace*, qui remplissent les creux de certaines vallées dans les hautes montagnes.

Les glaciers sont souvent très épais; ils sont entrecoupés de profondes *crevasses*, et se fondent par en bas, tandis qu'ils se renouvellent sans cesse par en haut, grâce aux

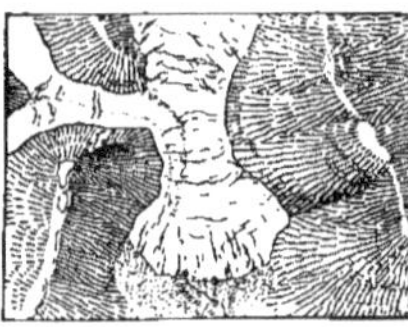

Glacier.

chutes de neige ; ce sont donc d'immenses réservoirs qui alimentent les cours d'eau en fondant peu à peu.

99. Une **source** est une *ouverture* par laquelle la terre laisse échapper une certaine quantité d'eau. Une source peut aussi provenir d'un glacier ou d'une masse de neige.

La **source** *d'un cours d'eau est donc le point où il apparaît au jour.*

L'eau, une fois sortie de la source, coule en suivant la pente et se creuse un sillon qu'on appelle son **lit**.

100. Un **ruisseau** est un faible cours d'eau.

Une **rivière** est un cours d'eau plus con-

Rivière.

sidérable. Elle n'est souvent que la réunion de plusieurs ruisseaux.

On réserve le nom de **fleuve** à une ri-

vière qui se jette dans la mer ; certains fleuves sont moins considérables que des rivières.

101. La **rive droite** est celle qu'on a à sa droite en descendant le courant de l'eau. La **rive gauche** est celle qu'on a à sa gauche.

102. On appelle **affluents** les cours d'eau qui viennent apporter leurs eaux à un autre cours d'eau plus considérable.

On distingue les affluents de *droite* et les affluents de *gauche*, suivant qu'ils se jettent sur la *rive droite* ou la *rive gauche* du cours d'eau principal.

On nomme **confluent** le point de réunion de deux cours d'eau.

103. On appelle **bassin** d'un cours d'eau la surface de pays qui lui envoie ses eaux. Les ruisseaux forment de petits bassins, les **rivières** des bassins plus grands, et tous ces bassins réunis forment généralement un bassin de **fleuve**.

104. Les bassins ne sont pas toujours séparés les uns des autres par des montagnes. Dans les pays de plaines, on passe d'un bassin à un autre bassin par des pentes insensibles.

On nomme **versant** *l'ensemble des pentes de montagnes, de plateaux ou de plaines, qui versent leurs eaux du même côté.*

105. L'**embouchure** d'un cours d'eau est *le point où il aboutit dans la mer ou dans un lac.*

Une embouchure très large, et qui ressemble à un golfe, s'appelle un **estuaire**.

Un **delta**, au contraire, est une embou-

Delta.

chure partagée en plusieurs bras, qui vont rejoindre la mer chacun de son côté.

106. Un **torrent** est un *cours d'eau qui descend des montagnes avec une pente très rapide, et qui donne tantôt beaucoup, tantôt fort peu d'eau.*

On nomme **chute**, **cascade**, **cataracte**, une masse d'eau qui tombe brusquement d'une certaine hauteur.

Un **rapide** se produit quand l'eau glisse *rapidement* sur un plan incliné.

107. On donne souvent aux fleuves, rivières, ruisseaux, torrents, avec leurs rapides, le nom d'*eaux courantes.*

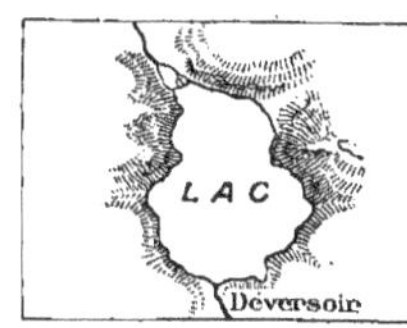

Lac et son déversoir.

108. Un **lac** est une *masse d'eau entourée de terre de tous côtés.*

On appelle **étang** un *bassin en forme de lac, mais généralement peu profond et peu étendu.*

On appelle **déversoir** le point par lequel certains lacs ou étangs *déversent* le trop-plein de l'eau qu'ils reçoivent.

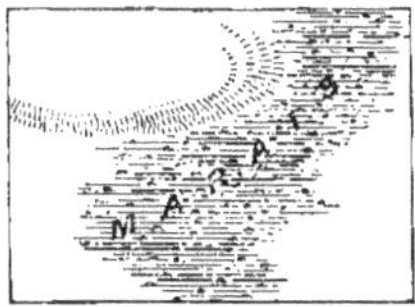
Marais.

109. Un **marais** est une plaine recou-verte d'eau stagnante sans écoulement et sans profondeur.

110. Certaines parties du monde sont privées de pluies et par conséquent de cours d'eau qui fertilisent le sol. Ce sont les *déserts.* Rien n'y pousse, sauf en quelques endroits, qu'on appelle *oasis.* Mais cette infertilité n'est pas le résultat de la mauvaise qualité du sol; toutes les fois qu'on a pu arroser un point du désert en creusant des puits, on a obtenu de la végétation.

111. Les **landes** et les **steppes** sont des étendues plates et infertiles; on n'y voit que des herbages et des buissons. Certaines étendues de steppes sont devenues propres à la culture, grâce au travail de l'homme; certaines terres fertiles sont devenues des steppes par son incurie et sa négligence.

Questionnaire

D'où viennent les eaux qui arrosent la terre ferme? — Montrez comment les eaux viennent de la mer et y retournent. — Est-ce la pluie ou la neige qui tombe dans les hautes régions des montagnes? — Pourquoi est-ce de la neige? — Cette neige fond-elle? — Comment se forment les glaciers? — Servent-ils à alimenter les fleuves? — A quel moment de l'année fournissent-ils le plus d'eau — Qu'est-ce qu'une source? un ruisseau? une rivière? un fleuve? — Qu'appelez-vous rive droite? rive gauche? — Qu'est-ce qu'un affluent? un confluent? — Quelle idée vous faites-vous du bassin d'un cours d'eau? — Tous les bassins se ressemblent-ils? — Est-il nécessaire de donner pour limite à tous les bassins de fleuves une ceinture de montagnes? — Qu'appelez-vous versant? — Qu'est-ce qu'un torrent? — Qu'est-ce qu'une chute, une cascade, une cataracte? — Qu'est-ce qu'un rapide? — Qu'est-ce qu'une embouchure de cours d'eau? — Qu'est-ce qu'un estuaire? — Qu'est-ce qu'un delta? — Qu'appelez-vous eaux courantes? Qu'est-ce qu'un désert? une oasis? des steppes? les landes? — Qu'est-ce qu'un lac? — Qu'est-ce qu'un étang? — Qu'est-ce qu'un marais? — En quoi les marais sont-ils nuisibles? — Cherchez un fleuve sur les cartes. — Montrez ses affluents, de droite, de gauche. — Montrez un confluent, une embouchure, un lac et son déversoir.

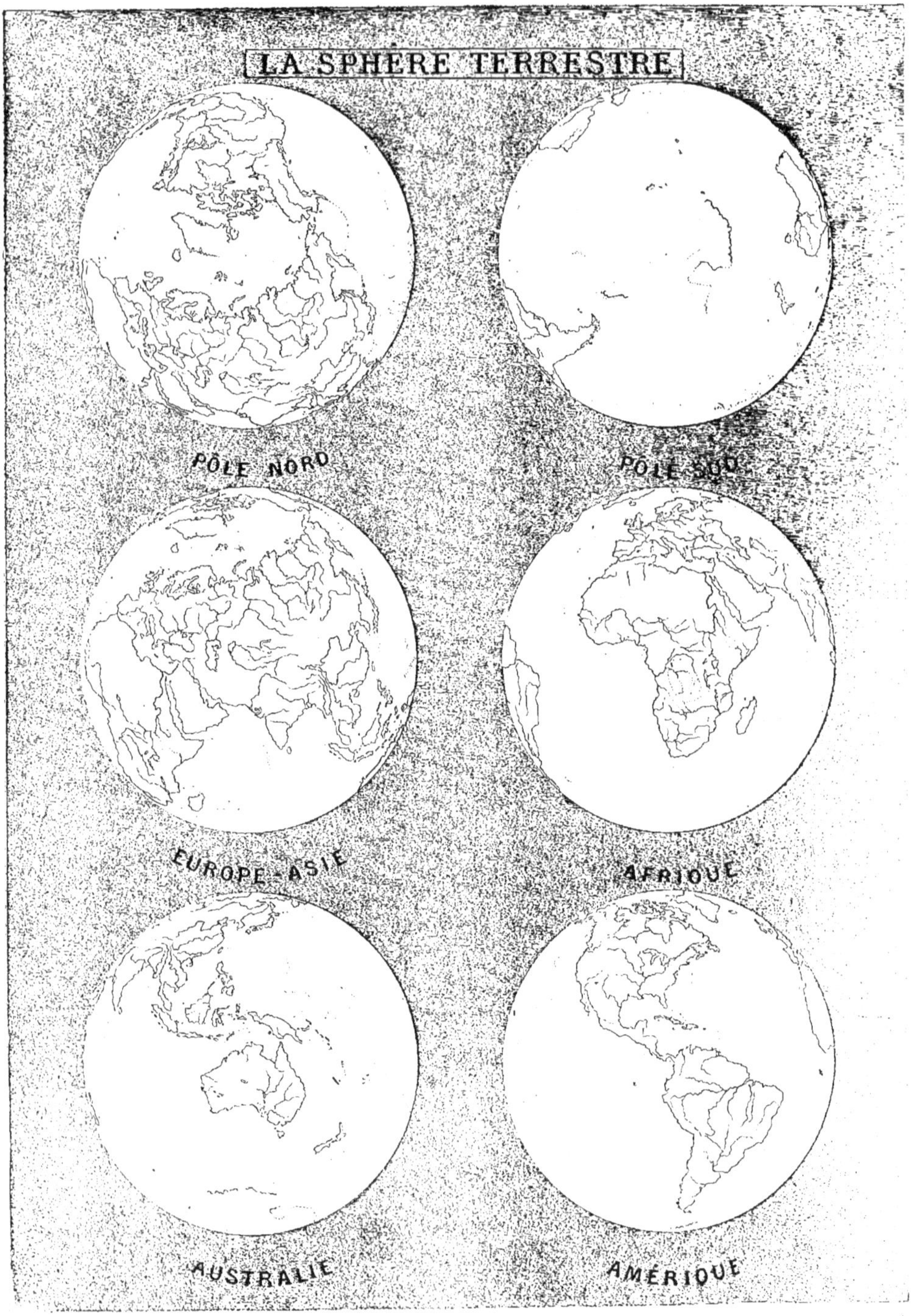

LA SPHÈRE TERRESTRE
PÔLE NORD
PÔLE SUD
EUROPE-ASIE
AFRIQUE
AUSTRALIE
AMÉRIQUE

L'Himalaya, en Asie.

DEUXIÈME PARTIE

PREMIÈRES NOTIONS SUR LES CINQ PARTIES DU MONDE

CONTINENTS, PARTIES DU MONDE, OCÉANS

112. La mer enveloppe toutes les terres et détermine ainsi les *continents* ou les *îles*.

Les continents sont au nombre de *trois* : l'**Ancien Continent**, le **Nouveau Continent** et le **Continent Australien** ou **Australie**.

113. On a aussi coutume de diviser l'ensemble des terres en *cinq* parties, qui portent le nom de **parties du monde**. Ce sont :

L'**Europe** ;

L'**Asie** ;

L'**Afrique** ;

L'**Amérique** ;

L'**Océanie**.

L'*Ancien Continent*, qui est le plus grand des trois, contient à lui seul trois parties du monde :

L'**Europe**, à l'ouest ;

L'**Asie**, à l'est ;

L'**Afrique**, au sud-ouest.

On l'appelle *Ancien Continent* parce qu'il était déjà connu, en partie du moins, des *anciens* Grecs et Romains. Ce sont eux qui ont imaginé la division de ce continent en trois parties.

114. Le *Nouveau Continent* comprend l'**Amérique**, ou plutôt les deux Amériques : l'Amérique du Nord et l'Amérique du Sud.

Les deux Amériques sont tout aussi bien séparées l'une de l'autre que l'Afrique de l'Asie, et beaucoup mieux que l'Asie ne l'est de l'Europe. Mais a coutume la prévalu de les considérer comme une seule partie du monde.

Devoir : Exercez-vous à dessiner très simplement la forme de chacun des trois continents (carte, p. 20).

Pôle Nord
OCÉAN GLACIAL
ASIE
GROENLAND
Islande
I. Parry
D. de Baffin
MER DE BÉRING
Terres Polaires
ALASKA
Cercle Polaire Arctique
Iles Aléoutiennes
Baie d'Hudson
LABRADOR
Terre-Neuve
AMÉRIQUE DU NORD
CANADA
I. Açores
Montagnes Rocheuses
OCÉAN ATLANTIQUE
I. Hawaii ou Sandwich
Tropique du Cancer
Plateau du Mexique
Golfe du Mexique
Cuba
Haïti
Grandes Antilles
M. DES ANTILLES
Petites Antilles
I. du Cap-Vert
I. Marshall
OCÉAN
AMÉRIQUE CENTRALE
Isthme de Panama
Equateur
I. Galapagos
I. Marquises
POLYNÉSIE
OCÉANIE
I. Samoa
I. Pomotou
I. Société
AMÉRIQUE DU SUD
Plateau du Brésil
Andes
I. Nouvelles Hébrides
I. Viti
OCÉAN
I. Tonga
Arch. de Cook
Tropique du Capricorne
PACIFIQUE
Nelle Calédonie
Rio de la Plata
Nouvelle Zélande
Patagonie
Dt de Magellan
Terre de Feu
C. Horn
Cercle Polaire Antarctique
Tle Louis Philippe
OCÉAN GLACIAL ANTARCTIQUE
Pôle Sud

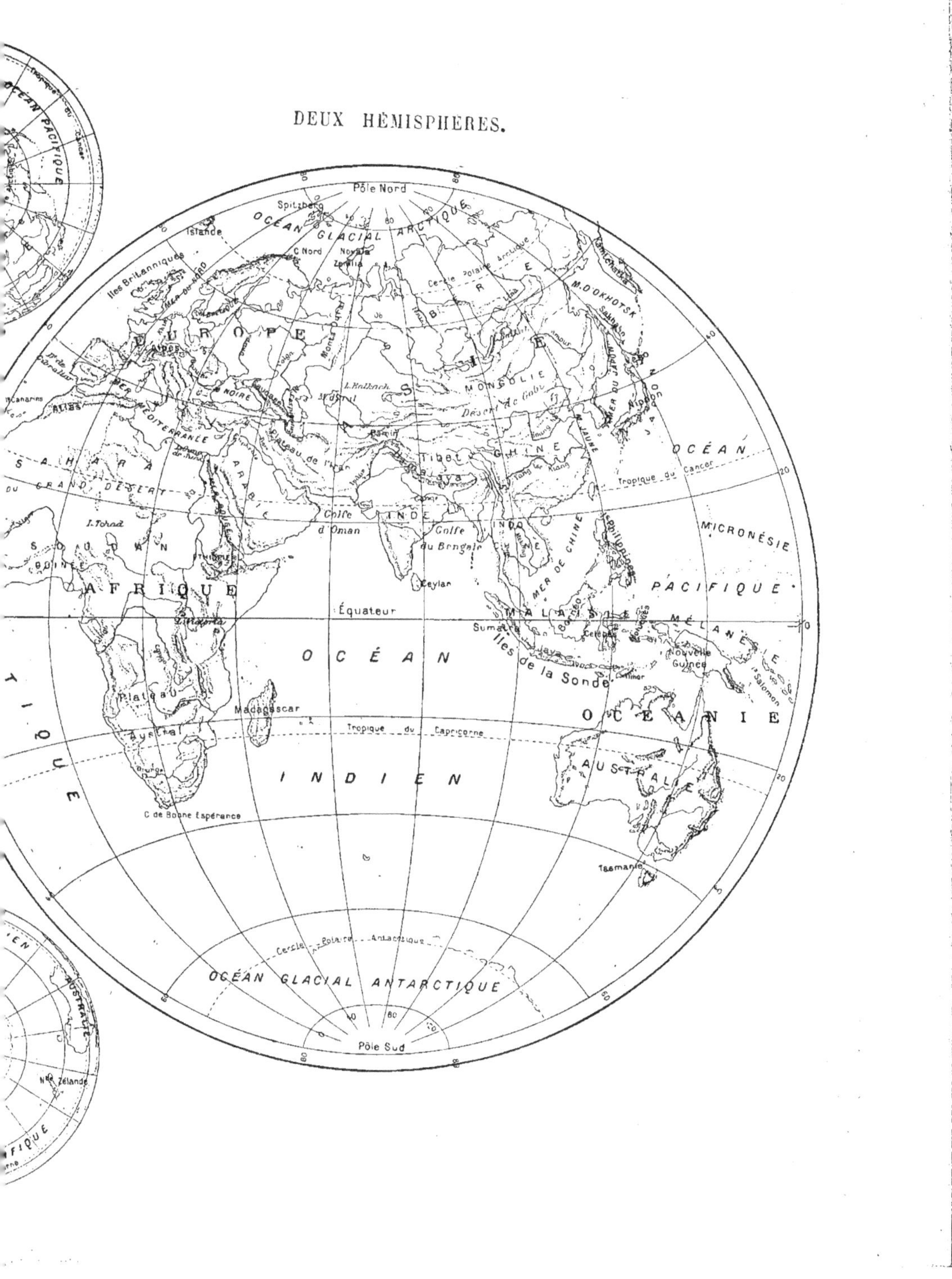

DEUX HÉMISPHÈRES.
OCÉAN PACIFIQUE
Pôle Nord
Spitzberg
Islande
OCÉAN GLACIAL ARCTIQUE
Iles Britanniques
Mer du Nord
C. Nord
Nova Zembla
Cercle Polaire Arctique
SIBÉRIE
Kamtchatka
M. d'Okhotsk
EUROPE
Sakhaline
Oural
Ob
Volga
Monts Altaï
Alpes
Mer Noire
Caucase
Mer Caspienne
L. Balkach
S
MONGOLIE
Désert de Gobi
Amour
Nippon
Mer du Japon
Canaries
Atlas
MER MÉDITERRANÉE
Nil
ARABIE
M. Sinaï
Plateau de l'Iran
Indus
Himalaya
Tibet
CHINE
Fleuve Jaune
Hoang Ho
Yang Tse Kiang
OCÉAN
Tropique du Cancer
SAHARA
ou GRAND DÉSERT
d'Arabie
Gange
INDE
Golfe d'Oman
Golfe du Bengale
INDO
CHINE
MICRONÉSIE
I. Tchad
SOUDAN
GUINÉE
Ceylan
Mékong
MER DE CHINE
Philippines
PACIFIQUE
AFRIQUE
Équateur
MALAISIE
Bornéo
Célèbes
MÉLANÉSIE
Zanzibar
Sumatra
Java
Iles de la Sonde
Nouvelle Guinée
I. Salomon
OCÉAN
Plateau
Madagascar
Timor
OCÉANIE
Austral
Tropique du Capricorne
AUSTRALIE
INDIEN
Orange
C. de Bonne Espérance
Tasmanie
Cercle Polaire Antarctique
OCÉAN GLACIAL ANTARCTIQUE
Pôle Sud
OCÉAN
AUSTRAL
N. Zélande
PACIFIQUE
ATLANTIQUE

On appelle le monde américain *Nouveau Continent* parce qu'il a été découvert il y a 400 ans seulement, par Christophe Colomb.

L'Australie cependant est un continent plus vraiment nouveau, puisqu'il a été découvert longtemps après l'Amérique. Au continent australien et aux îles qui s'y rattachent, de près ou de loin, on a donné le nom d'**Océanie**.

Questionnaire.

Qu'appelez-vous continent? — Combien y a-t-il de continents? — Quels sont-ils? — Combien distingue-t-on de parties du monde? — Quelles sont-elles? — Combien y a-t-il de parties du monde dans l'Ancien Continent? — Quelles sont-elles? — D'où vient ce nom d'Ancien Continent? — Qui a établi sa division en parties du monde? — Le Nouveau Continent ne renferme-t-il vraiment qu'une partie du monde? — Doit-on dire l'Amérique ou les deux Amériques? — D'où vient ce nom de Nouveau Continent? — L'Amérique est-elle le continent le plus nouveau? — Qu'est-ce que l'Océanie? — Quelle est la différence entre l'Océanie et l'Australie? — Montrez sur le globe la place de chaque continent, de chaque partie du monde. — Suivez-en rapidement les contours.

115. On appelle **océans** les grands espaces de mer compris entre les continents ou entre les différentes parties du monde.

Il y a *cinq* grands *océans*, qui communiquent tous entre eux, et ne sont que cinq parties de la grande masse des mers. Ce sont :

L'océan Glacial du Nord ;

L'océan Glacial du Sud ;

L'océan Atlantique ;

L'océan Pacifique ;

L'océan Indien.

116. L'océan **Glacial du Nord** ou **Arctique** s'étend autour du *pôle Nord* ; l'**océan Glacial du Sud** ou **Antarctique**, autour du *pôle Sud*.

Leur nom vient de la température extrêmement froide des régions polaires où ils s'étendent ; leurs eaux sont perpétuellement glacées sur presque toute leur surface.

L'océan Glacial Arctique est assez bien borné par les terres les plus septentrionales de l'Europe, de l'Asie et de l'Amérique, tandis que l'océan Glacial Antarctique se confond avec les autres océans.

L'océan **Pacifique** ou **Grand Océan** est le plus étendu de tous ; il couvre à lui seul une surface plus considérable que celle de *tous les continents* réunis. C'est la partie de la mer comprise *entre l'Asie, l'Amérique et l'Australie* ; il contient un très grand nombre d'îles.

117. L'océan **Atlantique** est situé *entre l'Amérique, l'Europe et l'Afrique.* Il est beaucoup moins large que l'océan Pacifique. L'océan Atlantique est sillonné de très nombreux navires, parce qu'il s'étend entre les parties du monde les plus riches, les plus civilisées et les plus commerçantes.

L'océan **Indien** se développe entre l'Asie, l'Afrique et l'Australie.

Les trois océans Pacifique, Atlantique et Indien ne sont assez nettement limités qu'au nord, à l'est et à l'ouest ; au sud ils se confondent sans obstacle avec l'océan Glacial Antarctique.

118. Les océans forment, en s'enfonçant dans l'intérieur des continents, des *mers secondaires*, ou *mers intérieures*. Certaines mers, comme la **Méditerranée**, qui est encaissée entre l'Europe, l'Asie et l'Afrique, ont une très grande importance.

119. La surface du globe couverte par les *eaux* est à peu près trois fois plus grande que celle qui est composée de *terre ferme*.

Les terres et les mers ne sont pas d'ailleurs réparties également.

La plus grande portion des mers se trouve dans l'hémisphère sud ou austral, qui est ainsi l'*hémisphère maritime* par excellence.

La plus grande masse des terres se trouve dans l'hémisphère nord ou boréal ; on lui donne, pour cette raison, le nom d'*hémisphère continental*. (Voir les cartes, p. 18.)

120. L'*Europe*, l'*Asie* et l'*Amérique du Nord* sont tout entières dans l'**hémisphère boréal** ; la plus grande partie de l'*Afrique* et une partie de l'*Amérique du Sud* s'y trouvent aussi.

L'hémisphère austral ne contient donc que le *continent australien*, une partie de l'*Afrique* et environ les trois quarts de l'*Amérique du Sud*.

Il y a une grande *différence de formes* entre l'Ancien Continent et le Nouveau Continent.

Cherchez sur le planisphère (p. 23) les parties des continents comprises dans la zone tempérée (§ 62 et 120). — **Devoir** : Dessinez l'Australie.

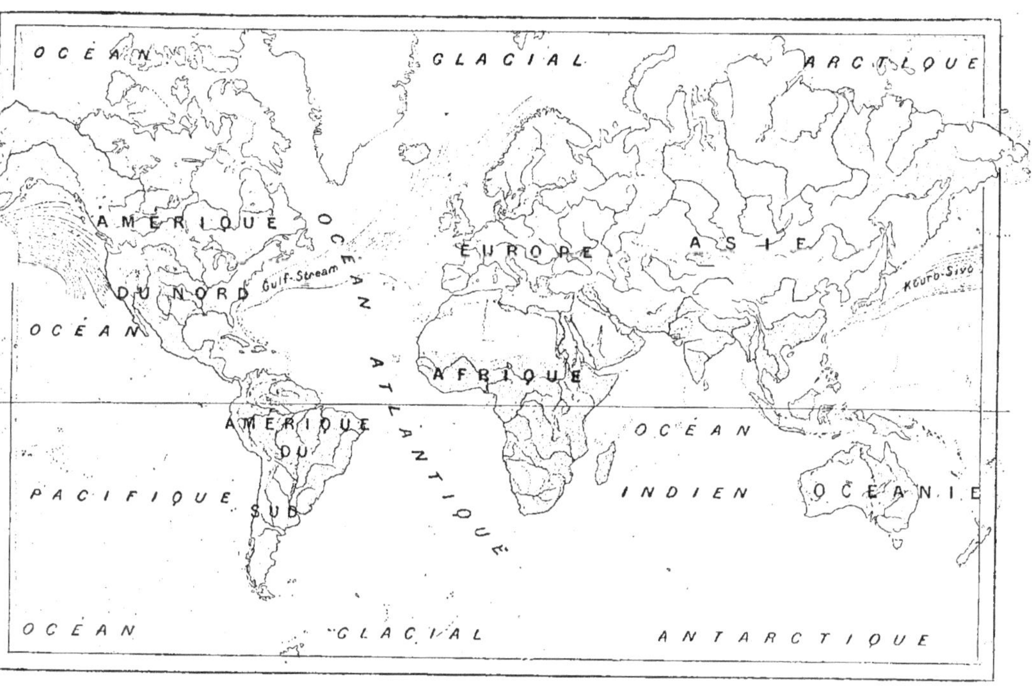

TEXTE EXPLICATIF DE LA CARTE

Les climats du globe dépendent des diverses zones dans lesquelles sont situés les pays, mais ils ne suivent pas exactement les limites de ces zones.

C'est autour des deux pôles qu'il fait le plus froid.

La mer y est couverte de glaçons épais. Le sol est si fortement gelé qu'aucun arbre ne peut y croître. En été, les jours s'allongent tellement qu'il ne fait plus jamais nuit. En hiver, les nuits s'allongent à tel point qu'il ne fait plus jamais jour.

Cette zone où règne le climat polaire est *indiquée en blanc sur la carte.*

A égale distance entre les deux pôles, des deux côtés de l'équateur, se trouve la partie de la terre où il fait le plus chaud. On l'appelle la *zone torride,* c'est-à-dire la *ceinture chaude.* Les arbres et les herbes y sont parfois serrés au point de former un amas de végétation que les rayons du soleil ne peuvent pas traverser. Les bêtes sauvages, les insectes, les serpents foisonnent dans ces forêts. On cultive dans la zone torride du café, de la canne à sucre, de l'indigo, du riz, du coton, etc. *Cette région est teintée en vert foncé sur la carte.*

C'est dans les zones tempérées, qui s'étendent entre les pays chauds et les pays froids, que vivent les peuples les plus nombreux de la terre, et que le sol est le plus cultivé.

C'est la zone tempérée qui produit l'oranger, la vigne, des fruits variés. Le *blé* y croît presque partout. A l'approche des régions polaires, au nord comme au sud, la culture diminue, jusqu'au point où l'on ne trouve plus guère que des forêts de sapins. *Les zones tempérées sont teintées en vert clair sur la carte.*

Entre la zone torride et les zones tempérées il y a des espaces où il ne pleut jamais. Ce sont les déserts, dont le plus grand est le Sahara, en Afrique. *La carte les indique en orangé.*

Dans la masse des océans circulent des courants qui portent l'eau froide vers les pays chauds et l'eau chaude vers les pays froids. Ainsi le Gulf-Stream (ou *Courant du Golfe*) apporte vers l'Europe la chaleur des mers tropicales.

C'est grâce à la différence des climats que les hommes, ne trouvant pas dans chaque pays tous les produits de la terre, ont été obligés d'entrer en relations les uns avec les autres.

L'Europe et l'Asie, dans l'Ancien Continent, sont plutôt *développées d'est en ouest*; c'est dans ce sens qu'elles ont leurs plus grandes dimensions. Les terres du Nouveau Continent s'étendent, au contraire, *du nord au sud*.

121. Les masses continentales se terminent en *pointe* vers le sud, dans l'*hémisphère sud*, et sont par là très éloignées les unes des autres à leurs extrémités; telles sont l'Afrique, l'Amérique. Dans les régions septentrionales de l'*hémisphère du Nord*, elles prennent une *plus grande largeur*, et se rapprochent par des promontoires ou des cordons d'îles. (Voir la carte, p. 23.)

Questionnaire.

Qu'est-ce que les océans? — Combien y a-t-il d'océans? — Nommez-les. — Montrez sur le globe la place de chaque océan. — Essayez d'indiquer leurs limites. — Pourquoi hésitez-vous à les indiquer? — D'où vient le nom d'océan Glacial du Nord? — Cet océan est-il bien limité? — D'où vient le nom d'océan Glacial du Sud? — Peut-on lui fixer des bornes exactes? — Quel est le plus étendu des océans? — En quoi la forme de l'océan Atlantique diffère-t-elle de celle de l'océan Pacifique? — Qu'appelez-vous mers secondaires? — Quelle est la plus importante des mers secondaires? — Où est-elle?

Y a-t-il plus de terre ferme que d'eau? — Où se trouve groupée la plus grande partie des terres? — Quelles sont les parties du monde ou portions de parties du monde qui se trouvent au nord de l'équateur? au sud? — Quel est l'hémisphère qui contient le plus de terre? celui qui contient le plus de mer? — Quelle différence de formes remarquez-vous entre l'Ancien Continent et le Nouveau? — Les continents se terminent-ils par les mêmes formes dans l'hémisphère nord et dans l'hémisphère sud?

EUROPE

122. L'**Europe** est la partie du monde où se trouve la France. Elle est située dans l'hémisphère boréal, et en majeure partie dans la zone tempérée.

Les mers la limitent nettement au nord, à l'ouest et au sud : au nord, l'**océan Glacial Arctique** ; à l'ouest, l'**océan Atlantique** ; au sud, la **mer Méditerranée**.

A l'ouest, l'Europe fait face à l'Amérique, située de l'autre côté de l'océan Atlantique.

Au sud-ouest, elle se rapproche de l'Afrique au détroit de **Gibraltar**, qui fait communiquer l'Atlantique avec la Méditerranée.

Au sud-est, les détroits des **Dardanelles** et du **Bosphore** ne forment entre l'Europe et l'Asie qu'une séparation de *quelques kilomètres*.

123. Enfin ces deux parties du monde tiennent complètement l'une à l'autre, *à l'est et au sud-est* de l'Europe, par de larges bandes de terrain; elles sont rattachées et non séparées. Il n'y a donc point de vraie limite de ce côté.

124. L'Europe est *quatre fois moins grande* que l'Asie, *trois fois moins grande* que l'Afrique, *deux fois moins grande*, ou peu s'en faut, que chacune des deux Amériques ; *un peu plus grande* que le continent australien.

Malgré son peu d'étendue, elle a été et est encore la plus importante des parties du monde, celle où la civilisation est le plus avancée.

Il est vrai que certains pays de l'Amérique, les *États-Unis* par exemple, se développent aujourd'hui bien plus rapidement : mais leurs progrès sont dus, en grande partie, à des *émigrants* européens.

125. L'Europe est la partie du monde où les montagnes proprement dites occupent la moindre surface et sont le moins élevées. C'est à peine si elles y couvrent *un tiers* de l'étendue totale; les plaines et les pays légèrement ondulés dominent donc de beaucoup.

On peut dire qu'en général le sol y est *plutôt plat* et uni dans le nord-est, plutôt relevé et *accidenté* dans le sud et dans l'ouest.

126. Au centre, une grande surface est couverte par le système montagneux des **Alpes**, massif qui forme le soulèvement le plus considérable de l'Europe.

Au sud, la chaîne des **Apennins** se détache directement des Alpes.

A l'est, la chaîne des **Carpathes** se rapproche de la mer Noire.

Au sud-est, le **Caucase** s'étend entre la mer Noire et la mer Caspienne.

Au sud-ouest, les **Pyrénées** se dressent de la Méditerranée à l'Atlantique.

Au nord, les monts *Scandinaves* vont rejoindre l'océan Glacial.

Devoirs : Marquez d'après le planisphère (p. 23) l'équateur. Dessinez toutes les parties de terre qui se trouvent au sud. Indiquez les noms de ces parties du monde (§ 113 et 120). — Dessinez l'Afrique, coupez-la par l'équateur (§ 120).

Les plus grandes plaines d'Europe sont : la *plaine Russe* à l'est, la *plaine Allemande* au centre.

127. Les océans pénètrent très profondément dans l'intérieur de l'Europe, y forment des *mers secondaires* et y dessinent un grand nombre de *presqu'îles* ou d'*îles*.

Aussi les côtes de l'Europe sont-elles partout très découpées.

L'*océan Glacial du Nord* forme, au nord de la plaine russe, la **mer Blanche**.

L'*océan Atlantique* forme, au nord de la plaine allemande, la **mer Baltique** et la **mer du Nord**.

Entre la mer Baltique et la mer du Nord s'étend la **presqu'île Scandinave** ;

Entre la mer du Nord et l'Atlantique, l'archipel important des **îles Britanniques**.

128. La *mer Méditerranée* se divise en un grand nombre de mers : la **mer Adriatique**, la **mer Ionienne**, la **mer de l'Archipel** et, tout à l'extrémité, la **mer Noire**.

Les côtes y sont extrêmement découpées ; les presqu'îles et les îles y sont nombreuses et importantes.

A l'ouest, c'est la **presqu'île Ibérique**, entre la Méditerranée et l'Atlantique ;

Au centre, la **presqu'île d'Italie** ;

A l'est, la **presqu'île des Balkans**, terminée par la **Grèce** et entourée d'une ceinture de petites îles.

129. C'est de l'océan Atlantique que viennent la plupart des nuages qui amènent en Europe la pluie et fournissent ainsi de l'eau à ses fleuves.

130. Les Alpes reçoivent une immense quantité de neiges, qui s'accumulent et forment des glaciers. Ces glaciers sont l'origine et le réservoir de très grands fleuves :

Le **Rhin**, qui va se jeter dans la mer du Nord ;

Le **Rhône**, qui se jette dans la Méditerranée ;

Le **Pô**, qui se jette dans l'Adriatique.

Le **Danube** reçoit des Alpes plusieurs affluents, traverse une grande partie de l'Europe et va se jeter dans la mer Noire.

131. La plaine russe a aussi des fleuves importants : le **Dniéper**, la **Volga**, le plus long de tous les cours d'eau européens.

Le Dniéper se jette dans la mer Noire, la Volga dans la mer Caspienne.

132. L'Europe a l'avantage d'être située presque en entier dans la *zone tempérée* : elle a ainsi un climat relativement doux.

A l'*ouest*, dans le voisinage de l'Atlantique, la différence entre l'hiver et l'été est peu considérable ; il n'y fait jamais *ni très chaud ni très froid*. En revanche il y pleut beaucoup.

A l'*est*, dans la plaine russe par exemple, l'éloignement de l'Océan produit un effet tout contraire. Les *hivers* sont *rigoureux*, les *étés brûlants*, les pluies peu abondantes.

Au *sud*, sur les bords de la Méditerranée, l'*été* est *chaud*, l'*hiver doux*. Il y pleut moins encore que dans l'Europe orientale, et presque uniquement en hiver.

133. La façon dont l'Europe est découpée par la mer a permis à ses habitants de communiquer aisément entre eux par ce grand chemin, et d'avoir des relations faciles avec toutes les autres parties du monde. Comme la plupart de ses montagnes sont facilement franchissables, elle a été sillonnée de routes de très bonne heure, et, par conséquent, plus vite civilisée que d'autres pays du monde.

134. L'Europe est peuplée presque tout entière d'hommes de la *race blanche*.

Ils se sont répartis entre des États de grandeur très inégale. Les guerres, les traités, modifient les dimensions et les formes de ces États, comme leur puissance et leur richesse.

Questionnaire.

Dans quel hémisphère est située l'Europe? dans quelle zone? — Quelles sont les mers qui la limitent? — Est-elle très séparée de l'Afrique? — Est-elle très séparée de l'Asie, du côté de la mer? — Peut-on indiquer, sur terre, une limite bien exacte entre l'Europe et l'Asie? — Quelle est la partie du monde qui se trouve en face de l'Europe de l'autre côté de l'Atlantique? — Comparez, sur la mappemonde, la grandeur de l'Europe à celle des autres parties du monde. — L'importance de l'Europe est-elle en raison de son étendue?

L'Europe est-elle très montagneuse? — Où l'est-elle le plus? — Où est-elle plate? — Où sont les Alpes? — Qu'est-ce que les Apennins? — Montrez-les sur la carte. — Où

Cherchez sur la carte le cours du Danube (§ 130). — Cherchez sur la carte (p. 26) la place des sources du Rhin, du Rhône, du Pô (§ 130). — **Devoir** : Dessinez les îles Britanniques (carte, p. 26, et § 127).

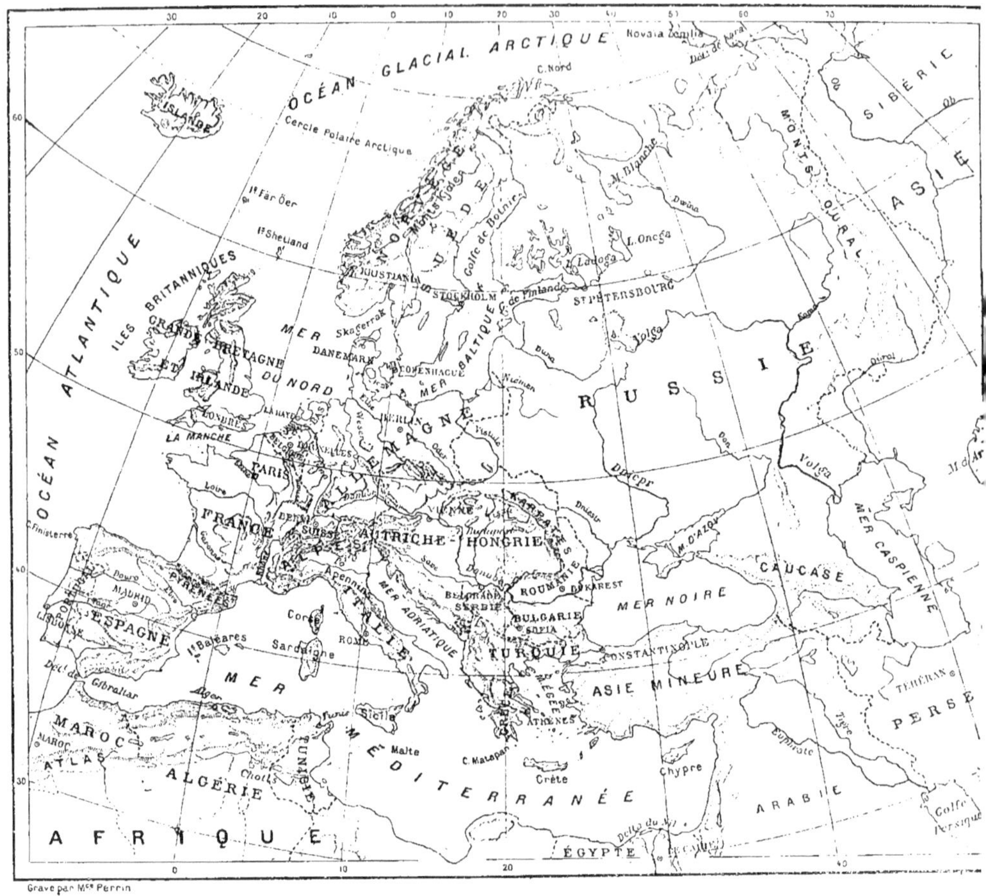

placez-vous les Carpathes? — Où sont les Pyrénées et le Caucase?

D'où viennent les principaux fleuves d'Europe? — Pourquoi les plus abondants ont-ils leurs sources ou celles de leurs affluents dans les Alpes? — Nommez les grands fleuves qui sont dans ce cas. — Nommez d'autres grands fleuves.

Nommez les mers qui baignent l'Europe. — Où les côtes d'Europe sont-elles le plus découpées? — Quel est le climat de l'Europe en général? — Quelle différence de climat y a-t-il entre l'ouest et l'est de l'Europe? — Quel est le climat des pays d'Europe baignés par la Méditerranée? — Quels avantages procurent à l'Europe le grand nombre de ses mers intérieures et le long développement de ses côtes? — Pourquoi les communications sont-elles faciles à l'intérieur de l'Europe? — Quelle race d'hommes peuple l'Europe?

ÉTATS PRINCIPAUX DE L'EUROPE

135. A l'est, la grande plaine est divisée entre deux États, l'un très étendu, la **Russie**, l'autre petit, la **Roumanie**.

Devoirs : Marquez sur une carte muette ou sur un croquis dessiné par vous les noms de chacune des grandes masses de montagnes de l'Europe (carte ci-dessus et § 125, 126). — Dessinez séparément les principales presqu'îles d'Europe. Indiquez les noms des mers qui les entourent (carte ci-dessus et § 127, 128). — Indiquez d'après la carte les principales îles de l'Europe et leur situation.

L'*empire de Russie*, capitale *Saint-Péters-bourg*, couvre plus de la moitié de la superficie de l'Europe.

La *Roumanie* a pour capitale *Bucarest*.

136. **Au nord**, le royaume de **Suède et Norvège** occupe la grande péninsule scandinave; *Stockholm* est la capitale de la Suède, et *Christiania* celle de la Norvège.

137. **Au centre**, le **Danemark**, capitale *Copenhague*, est la petite péninsule plate qui fait face à la Suède-Norvège.

L'empire d'**Allemagne** réunit une vaste étendue de plaines dans sa partie septentrionale et de pays accidentés au sud.

Il comprend plusieurs États, dont le principal est la *Prusse*. Berlin est à la fois la capitale de la Prusse et de l'empire.

L'empire d'**Autriche-Hongrie**, capitales : *Vienne (Autriche)*, *Budapest (Hongrie)*, est traversé en long par le Danube et comprend des pays très divers.

La **Suisse**, capitale *Berne*, occupe les Alpes centrales.

La **Hollande**, capitale *la Haye*, s'est formée dans les *Pays-Bas*, au sud de la mer du Nord.

138. **A l'ouest**, la **Belgique**, capitale *Bruxelles*, est un des États les plus petits, mais les plus riches de l'Europe.

Le **royaume-uni de Grande-Bretagne et d'Irlande**, capitale *Londres*, est tout entouré par la mer. Aussi est-il habité par le plus grand peuple maritime du monde entier.

La **France**, capitale *Paris*, est placée au point où la distance entre les mers du nord et la Méditerranée est le plus réduite, et elle a l'avantage de posséder des côtes sur l'Océan et sur la Méditerranée.

139. **Au sud-ouest** se trouvent l'**Espagne**, capitale *Madrid*, et le **Portugal**, capitale *Lisbonne*.

Au sud, l'**Italie**, capitale *Rome*, est au centre de la Méditerranée, c'est-à-dire de la mer intérieure européenne la plus importante.

Trois États se partagent la péninsule si découpée qui termine l'Europe au **sud-est** :

La **Turquie**, capitale *Constantinople*;

La **Serbie**, capitale *Belgrade*;

La **Grèce**, capitale *Athènes*.

140. Les États les plus riches par l'agriculture, l'*industrie* et le *commerce* sont ceux du Centre et du Nord-Ouest : au premier rang, la Grande-Bretagne, au second, la France et l'Allemagne.

C'est donc au *nord-ouest* que se trouvent réunies les plus nombreuses conditions de prospérité.

Les *États du Sud* sont tournés vers l'Afrique, dont les sépare la Méditerranée, et vers une partie de l'Asie.

Les *États de l'Ouest* sont tournés vers l'Amérique, dont les sépare l'océan Atlantique.

Les *côtes septentrionales* sont tournées en partie vers l'océan Glacial, dont la navigation est toujours difficile, et, pendant plusieurs mois de l'année, impossible.

Notre patrie participe donc au plus grand nombre des avantages de richesse et de position de l'Europe.

Questionnaire.

Indiquez sur la carte les deux États de l'est de l'Europe. — Où sont situées la Suède et la Norvège? Combien connaissez-vous d'États au centre de l'Europe? — Nommez-les avec leurs capitales. — Quels sont les plus grands? les plus petits? — Combien connaissez-vous d'États à l'ouest? — Dites leurs noms et leurs capitales. — Quel est le mieux placé sur mer? le mieux pourvu de côtes? — Dites les avantages de la position de la France. — Où sont situés l'Espagne et le Portugal? — Dites leurs capitales. — Dites la position de l'Italie, sa capitale. — Montrez les États du Sud-Est et leurs capitales.

Quel État d'Europe est composé d'îles? — Quels États d'Europe sont des presqu'îles? — Quelle péninsule d'Europe contient plusieurs États?

D'après ce que vous savez du climat de l'Europe, dites quels États ont le climat le plus tempéré, le plus rude, le plus humide. — Quels sont les États les plus riches par l'agriculture? par l'industrie et le commerce? — Lesquels ont les côtes le mieux placées? — La France a-t-elle quelqu'un de ces avantages ou plusieurs?

Devoirs : Marquez sur une carte muette ou sur un croquis dessiné par vous les noms et la place des États du Sud-Ouest et du Sud; de leurs capitales. — Faites la même chose pour les États du Centre et de l'Ouest; pour ceux du Nord et de l'Est.

ASIE

141. L'Asie, la plus considérable des parties du monde, est enveloppée de trois côtés par la mer : au nord par l'**océan Glacial Arctique**, à l'est par l'**océan Pacifique**, au sud par l'**océan Indien**. Au nord-est, elle n'est séparée de l'**Amérique** que par un détroit resserré.

A l'ouest, elle touche à l'**Europe** par une large bande de terrain, et à l'**Afrique** par l'isthme de Suez, que coupe aujourd'hui un canal. Une partie de ses côtes occidentales est baignée par la **mer Noire** et la **Méditerranée**.

142. L'Asie possède non seulement *les plus hautes montagnes du globe*, mais encore la plus *énorme masse de plateaux* que nous connaissions.

C'est au centre du continent que se dresse cet amoncellement de chaînes et de massifs. Les plateaux du **Tibet** et du **Pamir** sont aussi élevés que les sommets les plus hauts des montagnes européennes.

Le Tibet lui-même est bordé et dominé au sud par une gigantesque muraille de montagnes, les **monts Himalayas**. Les monts Himalayas contiennent les *pics les plus élevés* du globe, et aussi les plus grands *glaciers*.

143. Les plus grandes *plaines* d'Asie s'étendent au nord, dans le voisinage de l'océan Glacial.

144. Les vents qui viennent de l'océan Indien et de l'océan Pacifique, à des *époques périodiques*, versent sur l'Asie des pluies d'une extrême abondance.

Elle contient donc quelques-uns des plus grands fleuves du monde : le **Hoang-ho**, le **Yang-tsé-kiang**, le **Brahmapoutra**, le **Gange**. Le Yang-tsé-kiang roule quarante fois plus d'eau que la Seine.

145. Les côtes de l'Asie sont beaucoup moins découpées que celles de l'Europe. Les plus grandes *péninsules*, l'**Arabie**, l'**Inde** et l'**Indo-Chine**, se trouvent au sud. Au contraire, l'Asie est bordée à l'est par de grands archipels : la **Malaisie**, les **Philippines**, le **Japon**.

146. Le *nord de l'Asie*, voisin du pôle, a un climat *très froid*; le *centre*, situé dans la zone tempérée, est si élevé que le climat y est tout aussi *rigoureux*.

Les pays du *sud* et du *sud-est*, situés dans la *zone tropicale*, n'ont que deux saisons, l'une *très chaude* et *très pluvieuse*, l'autre un peu plus tempérée et *sèche*.

147. Parmi les peuples qui habitent l'Asie, il faut citer avant tout le plus nombreux de tous, les **Chinois**, qui habitent la **Chine**, à l'est. La capitale de la Chine est *Pékin*.

Les Chinois et leurs voisins les **Japonais** ont le teint jaune et les cheveux noirs. A l'*ouest* et au *sud*, l'Asie est peuplée d'hommes de *race blanche*.

148. Les Européens ont fondé en Asie de grands empires, les *Russes*, dans le *nord*, les *Anglais*, au sud; la capitale de l'empire anglais des **Indes** est *Calcutta*. Enfin les *Français* dominent en **Indo-Chine**, au sud-est.

149. L'Inde, l'Indo-Chine et la Chine sont les pays les plus riches de l'Asie. Dans les plaines basses qu'inondent les grands fleuves on récolte le *riz*; sur les collines de Chine croît l'arbre à *thé*. La Chine et le Japon élèvent beaucoup de vers à *soie*.

Ce sont ces produits que les Européens échangent contre les produits de leur industrie. Aussi se fait-il entre l'Europe et l'Asie un énorme *commerce*, surtout depuis que le percement du canal de Suez a abrégé le voyage par mer. Les *Américains* commercent aussi avec le Japon et la Chine, en traversant le Pacifique.

Questionnaire.

Quelles sont les mers qui enveloppent l'Asie? — Quelle est la partie du monde voisine de l'Asie au nord-est? à l'ouest? au sud-ouest? — Quels sont les grands plateaux du centre de l'Asie? — Quelles sont les plus hautes montagnes de l'Asie? — Où sont situées les plaines en Asie?

Expliquez l'importance des fleuves de l'Asie : dites les causes de leur abondance. — Quels sont les plus grands fleuves de l'Asie? — Les côtes d'Asie sont-elles très découpées? — Où sont ses grandes péninsules? — Nommez-les. — Quels sont les archipels à l'est de l'Asie? — L'Asie a-t-elle partout le même climat? — Quel est le climat des pays du sud et du sud-est? des plateaux du centre? des pays du nord?

Citez les principaux peuples qui habitent l'Asie. — Quelle est la capitale de la Chine? — Quel est l'aspect physique

---

Devoirs : Dessinez l'Inde (§ 145), marquez au nord de l'Inde les monts Himalayas (142). Indiquez le fleuve principal (144) et la capitale de l'Inde (148). — Dessinez au compas l'hémisphère oriental (carte, p. 20). Marquez-y l'équateur, et indiquez à grands traits le contour de l'Asie et sa place au nord de l'équateur.

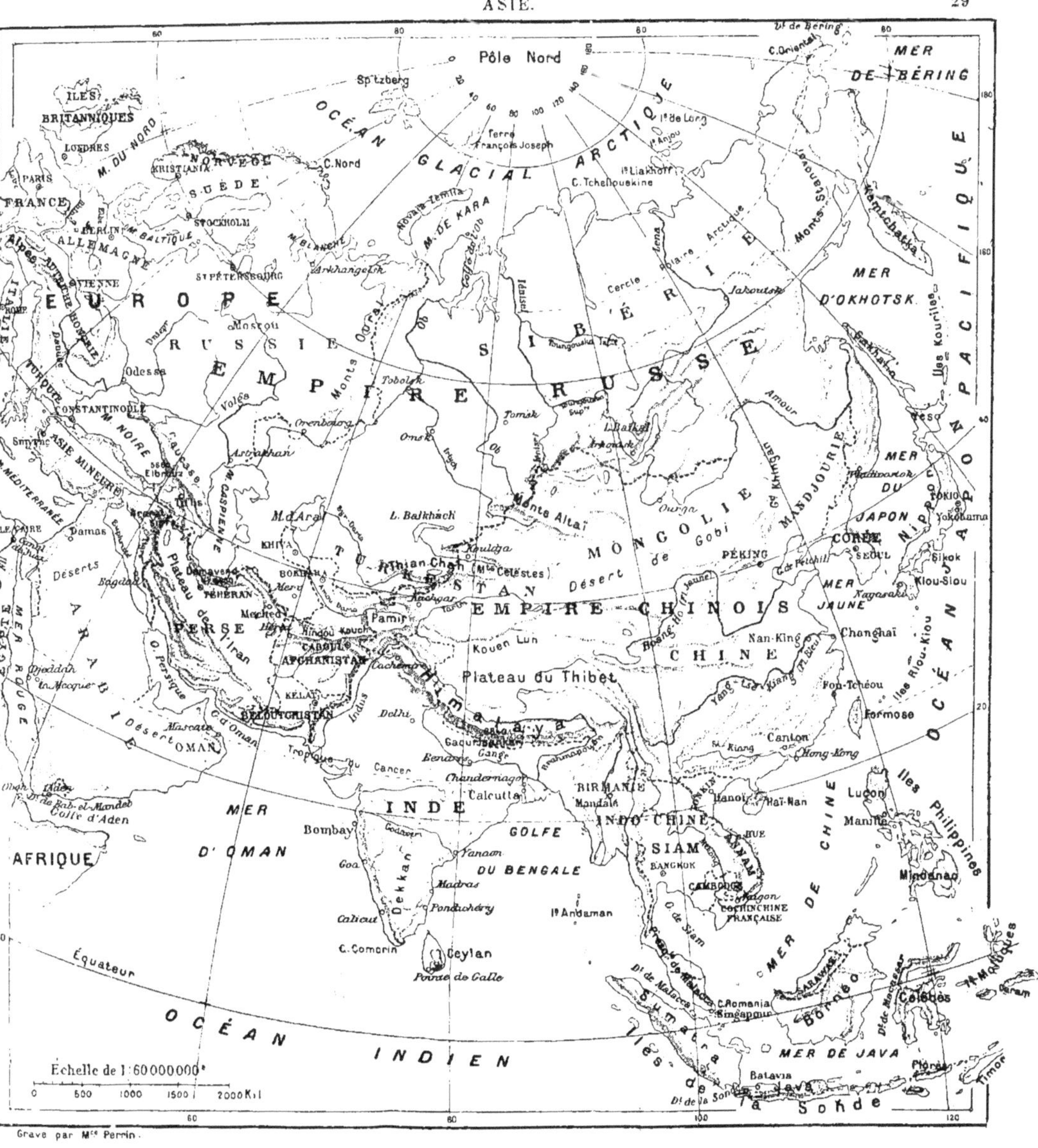

Grave par Mlle Perrin.

des Chinois? — N'y a-t-il pas en Asie des hommes d'autre race? — Quels sont les peuples européens qui ont fondé des empires en Asie? — Où est l'empire russe? l'empire anglais? — Où les Français se sont-ils établis?

Quels sont les produits les plus importants de l'Asie? — Où croît le riz? l'arbre à thé? — Où élève-t-on le ver à soie? — Quel fait a facilité le commerce européen dans ces pays?

Paysage africain.

AFRIQUE

150. **L'Afrique** est enveloppée par quatre mers : au nord par la **mer Méditerranée**; à l'ouest et au sud par l'**Atlantique**; à l'est par l'**océan Indien** et la **mer Rouge**.

151. La plus grande partie de l'Afrique est aujourd'hui connue, grâce à des *voyages récents*.

Les montagnes n'y occupent pas, comme en Asie, un grand espace; elles ne sillonnent qu'une partie de la surface; elles ne sont guère plus élevées que celles d'Europe.

152. L'Afrique présente de grands contrastes. Au sud et au nord, elle ne reçoit presque jamais de *pluies*. Au centre, au contraire, dans la *zone tropicale*, les pluies tombent en quantités énormes pendant une partie de l'année. L'eau s'amasse dans de *grands lacs* d'où sortent de puissants fleuves : le **Congo** ou fleuve **Livingstone**, et le **Nil**.

Le *Congo* roule soixante fois plus d'eau que la Loire.

153. L'Afrique est la partie du monde qui a les côtes les moins découpées. On n'y voit point de mers intérieures comme en Europe : les golfes y sont peu profonds; les caps ne forment point de saillies bien marquées.

Les îles sont rares sur les côtes africaines; **Madagascar**, plus grande que la France, est une sorte de petit continent à part.

154. L'Afrique est une des parties du monde les plus chaudes, puisqu'elle comprend surtout des terres situées dans la *zone tropicale*.

Dans l'Afrique centrale il fait très chaud.

Au nord s'étend un *désert* immense, le **Sahara**; il y en a d'autres au sud.

155. La plupart des peuples qui habitent l'Afrique sont encore barbares. Les Africains sont presque tous des *nègres* à la peau noire et aux cheveux crépus.

Les Français, les Anglais, les Portugais, les Allemands ont fondé de grandes *colonies* en Afrique. La principale possession française est l'**Algérie**.

156. L'Afrique est aujourd'hui dépeuplée par les *guerres continuelles* que se font entre elles les tribus barbares, par les massacres des *marchands d'esclaves*, qui donnent la chasse à l'homme comme à un gibier. Elle sera plus riche quand les Européens l'auront civilisée.

Les *forêts* de la zone tropicale renferment de magnifiques bois de construction, et des *lianes* avec lesquelles on fabrique toutes sortes d'objets. Là poussent les plantes dont on tire le *caoutchouc* et diverses *gommes* précieuses.

157. L'Afrique compte à peine quelques grandes *villes*, comme *le Caire* et *Alexandrie* en Égypte.

Questionnaire.

Quelles sont les mers qui enveloppent l'Afrique? L'Afrique compte-t-elle beaucoup de plaines? de montagnes? Comment expliquez-vous l'importance des fleuves de l'Afrique? — Quel est le plus puissant de ces fleuves? — Les côtes de l'Afrique sont-elles très découpées? — Citez une grande île voisine de l'Afrique. — Quel est le climat de l'Afrique? — Quel est le grand désert d'Afrique?

Les Africains sont-ils civilisés? — A quelle race appartiennent-ils en général? — Quels peuples européens ont fondé des colonies en Afrique? — Quelle est la principale possession française? — Quels sont les produits végétaux de l'Afrique? — Citez quelques grandes villes d'Afrique.

Devoirs : Dessinez le cours du Nil (§ 152, carte ci-dessus). — Marquez la place de l'Égypte et d'Alexandrie (§ 150). — Marquez le canal de Suez (§ 141; voir aussi § 249).

Chutes du Niagara, dans l'Amérique du Nord.

AMÉRIQUE

158. **L'Amérique** est bornée : à l'ouest par l'océan **Pacifique**; au nord par l'océan **Glacial Arctique**; à l'est par l'océan **Atlantique**; au sud par l'océan **Glacial Antarctique**.

Elle fait face à l'**Europe** et à l'**Afrique** par l'est, à l'**Asie** par l'ouest; mais elle est beaucoup plus éloignée de cette partie du monde que des deux premières.

159. L'Amérique est divisée en deux parties, l'**Amérique du Nord** et l'**Amérique du Sud**. Elles sont reliées l'une à l'autre par une *série d'isthmes* peu élevés, parmi lesquels le moins large est l'*isthme de Panama*; mais elles sont très différentes par leurs montagnes, leurs fleuves, leur climat, leurs peuples.

On a entrepris de couper l'isthme de Panama par un *canal* qui unirait l'*Atlantique* au *Pacifique*.

AMÉRIQUE DU NORD

160. L'**Amérique du Nord** a une *surface* plus de *deux fois supérieure à celle de l'Europe*.

Elle est surtout *montagneuse* dans sa partie occidentale, *plate* au centre, *légèrement accidentée* à l'est.

Deux grandes *chaînes de montagnes*, comparables à nos Alpes, mais plus élevées encore, les **Montagnes Rocheuses** et la **Sierra Nevada**, renferment entre elles un vaste *plateau*. À l'est des Montagnes Rocheuses s'étend une des *plaines* les plus riches du monde.

161. L'Amérique du Nord est très arrosée par des pluies qui viennent surtout de l'Atlantique.

Aussi possède-t-elle deux des plus grands fleuves du monde.

Le **Mississipi**, qui coule dans la plaine du centre, roule dix fois plus d'eau que le Rhône.

Le **Saint-Laurent** sert de déversoir à cinq lacs immenses.

Ces *lacs* couvrent une surface plus considérable que *la moitié de la France*.

162. Les *côtes* de l'Amérique du Nord, sans être aussi découpées que celles de l'Europe, offrent de grands avantages à la navigation, surtout du côté de l'océan Atlantique. L'estuaire du **Saint-Laurent** est un des plus vastes du monde.

Au nord la **baie d'Hudson**, au sud le *golfe du Mexique*, sont deux grandes mers intérieures.

Mais la baie d'Hudson, gelée pendant de longs mois, est peu navigable; le golfe du Mexique, au contraire, est une des mers du globe les plus fréquentées par les navires.

163. L'Amérique du Nord présente trois cli-

Observez sur les cartes (p. 33 et 35) la situation respective des deux Amériques. — Comparez, en vous servant de la mappemonde, leur grandeur et leurs formes (p. 20).

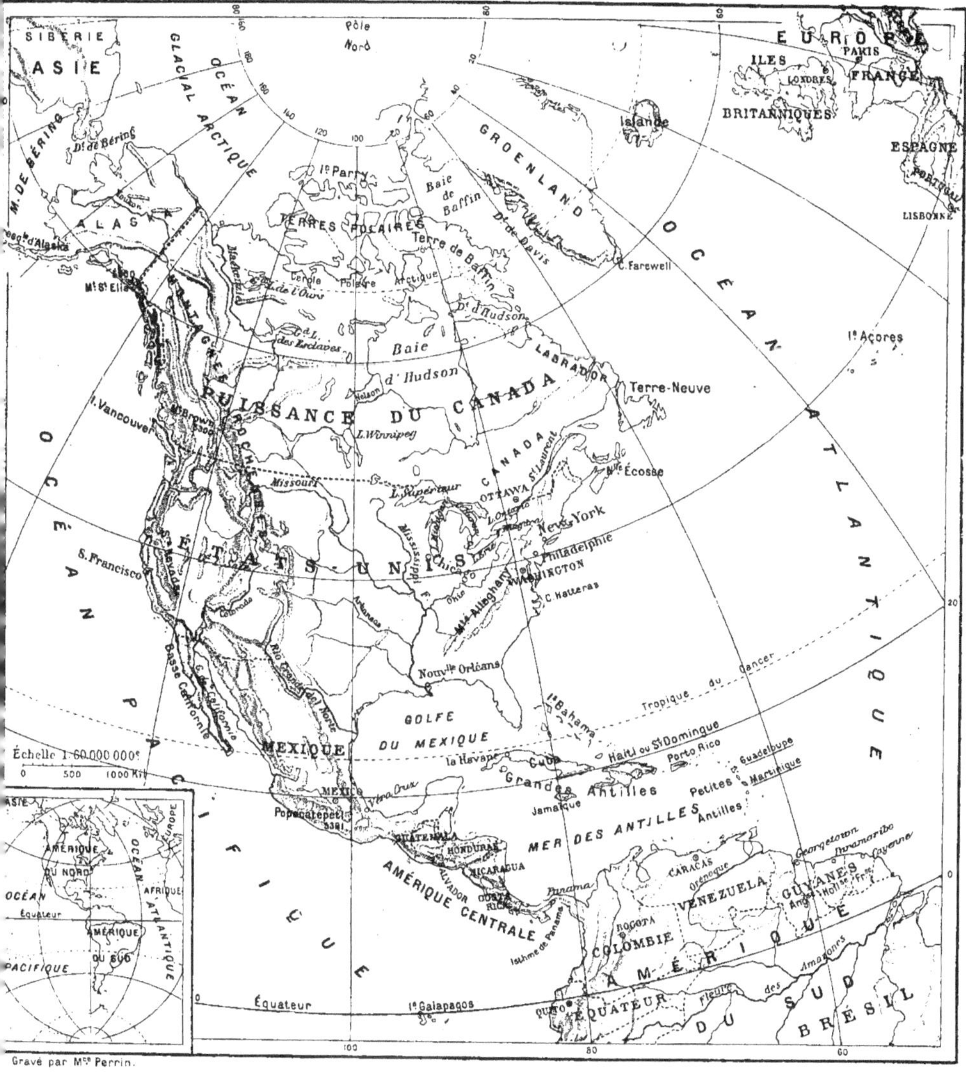

Gravé par Mle Perrin.

mats principaux. Au nord, il fait *très froid*; le centre est *tempéré* et ressemble à peu près à l'Europe; le *sud*, qui touche à la zone tropicale, est *chaud*.

164. L'Amérique du Nord était peuplée par des *Indiens Peaux-Rouges*, avant l'arrivée des Européens. Aujourd'hui dominent les descendants de Français, d'Allemands et d'Anglais.

Devoir : Dessinez très simplement la forme générale de l'Amérique du Nord — Marquez les principaux golfes et les principaux fleuves (carte ci-dessus et § 161 et 162). — Indiquez la place des trois principaux climats (planisphère, p. 23).

165. L'État le plus puissant de l'Amérique est la république des **Etats-Unis**, dont le territoire, étendu de l'Atlantique au Pacifique, est quinze fois grand comme la France.

Les plus grandes villes sont les ports : de *New York* et de *Philadelphie*, sur l'Atlantique; de *San Francisco*, sur le Pacifique; de *Chicago*, au centre, sur un des grands lacs.

Ces villes, et beaucoup d'autres des États-Unis, rivalisent avec les plus importantes cités de l'Europe.

166. Les Anglais possèdent le nord de l'Amérique, dont la partie la plus riche est le **Canada**.

Au sud se trouve la république du **Mexique**, pays chaud, fertile, mais encore peu habité.

167. L'Amérique du Nord est un pays riche par l'*agriculture* et par l'*industrie*; cette richesse paraît d'autant plus grande qu'il y a encore peu d'habitants pour la partager.

L'Amérique produit du *blé*, du maïs, du *coton*, bien au delà de ses besoins. Les métaux précieux, l'or et l'argent, abondent dans son sol; la *houille*, plus précieuse encore, le *pétrole*, le fer, le cuivre s'y rencontrent aussi.

Entre l'Amérique du Nord et l'Europe s'est établi un commerce d'une prodigieuse activité. Les grands navires à vapeur de France et d'Angleterre traversent l'Atlantique en une semaine. De l'Atlantique au Pacifique, plusieurs *voies ferrées* sillonnent de part en part le Nouveau Continent dans sa plus grande largeur.

L'Amérique du Nord est quatre fois moins peuplée que l'Europe.

Questionnaire.

Comment l'Amérique est-elle bornée? — Comment est-elle divisée? — Comment les deux Amériques sont-elles rattachées l'une à l'autre?

Comment est grande l'Amérique du Nord? — Quelles sont les grandes montagnes de l'Amérique du Nord? — Où sont situés les plateaux? les plaines? — Quels sont ses deux plus grands fleuves? — Comparez le Mississipi à l'un de nos fleuves d'Europe. — Les lacs de l'Amérique du Nord sont-ils grands? — Quel est leur déversoir? — Les côtes de l'Amérique du Nord sont-elles très découpées? — Citez deux mers intérieures. — Quelle différence y a-t-il entre elles?

Quels étaient les habitants de cette partie du monde avant l'arrivée des Européens? — De quels peuples européens descendent les habitants actuels? — Quel est le plus grand État de l'Amérique du Nord? — Citez ses plus grandes villes. — Montrez-les sur la carte. — Quels sont les autres États de l'Amérique du Nord? — Quels sont les produits de l'Amérique du Nord? — Cette partie du monde fait-elle un grand commerce avec l'Europe. — Est-elle très peuplée? — Comment va-t-on d'Europe en Amérique?

AMÉRIQUE DU SUD

168. L'**Amérique du Sud** est presque tout entière dans l'hémisphère *austral*. Elle est enveloppée par deux mers : par l'**Atlantique** à l'est, par le **Pacifique** à l'ouest. Sa pointe méridionale est l'endroit de tous les continents qui se rapproche le plus du pôle austral.

L'Amérique du Sud n'est pas aussi grande que l'Afrique, dont elle a la forme; elle est presque double de l'Europe.

169. L'Amérique du Sud est *montagneuse* dans sa partie occidentale, que baigne l'océan Pacifique.

Là se développe du nord au sud une longue et puissante chaîne, la **Cordillère des Andes**, dont les sommets sont moins hauts que ceux des Himalayas, mais bien supérieurs à ceux des Alpes.

Le *centre* de l'Amérique du Sud et les pays que baigne l'Atlantique sont de vastes *plaines*, couvertes de forêts impénétrables, ou de hautes herbes d'une vigueur extraordinaire.

170. Comme l'Afrique, l'Amérique du Sud est située en grande partie dans la région tropicale. Il y pleut donc beaucoup, et ses fleuves, coulant lentement à la surface de la plaine, ont un volume d'eau énorme. La position occupée par la chaîne des Andes fait qu'ils se dirigent tous vers l'*Atlantique*.

Le **fleuve des Amazones** est le plus puissant du monde; c'est une véritable mer d'eau douce, où les plus gros navires parcourent des milliers de kilomètres. Il roule soixante-quinze fois plus d'eau que la Garonne, cent cinquante fois plus que la Seine. Le **Rio de la Plata** est le double du Yang-tsé-kiang.

171. Le *climat* de l'Amérique du Sud est chaud et pluvieux, un peu moins chaud toutefois que celui de l'Afrique. Il est tempéré dans la partie située au sud, et aussi dans les pays

---

New York, prononcez Niou-York (§ 165). — **Devoir :** Parlez du commerce qui se fait entre l'Amérique du Nord et l'Europe (§ 167).

Gravé par Mlle Perrin

montagneux et élevés de l'ouest, puisque la hauteur du sol diminue la chaleur.

172. L'Amérique du Sud a des *côtes* médiocrement découpées, comme celles de l'Afrique. Mais ses grands fleuves, aux larges *estuaires*, valent pour elle les meilleurs golfes.

173. Les *Indiens*, qui habitaient le pays au moment de l'arrivée des Européens, sont aujourd'hui peu nombreux. Ce sont des *colons* d'origine espagnole, portugaise, française, italienne, qui peuplent aujourd'hui la majeure partie de l'Amérique du Sud. Du reste, ce vaste continent est *dix fois moins peuplé que l'Europe.*

Devoir : Dessinez très simplement la forme générale de l'Amérique du Sud. Marquez-y l'équateur. Marquez-y les plus grands fleuves (carte ci-dessus et § 170). — Nommez la partie du monde à laquelle ressemble le plus l'Amérique du Sud.

174. Les deux plus grands États sont le **Brésil** et la **République Argentine**, qui se partagent les plaines de l'Est. *Rio de Janeiro*, capitale du Brésil, et *Buenos-Ayres*, capitale de la République Argentine, sont les villes les plus peuplées.

175. L'Amérique du Sud produit beaucoup de *café*, de *cacao*, de *bois précieux*, dans la zone tropicale. Ses *pays tempérés*, comme la République Argentine, cultivent les mêmes plantes et élèvent les mêmes animaux que l'Europe. Au Brésil on trouve des *pierres précieuses*.

Le *commerce* est déjà important. Les navires qui vont d'Europe dans l'Amérique du Sud ont l'avantage de trouver l'Afrique sur leur chemin, ce qui abrège la longue traversée de l'Atlantique.

Questionnaire.

Dans quel hémisphère est située l'Amérique du Sud? — Quel océan la baigne à l'est? — Quel océan la baigne à l'ouest? — Quelle est sa grandeur, comparée à celle de l'Europe? à celle de l'Afrique?

Où sont les plus grandes montagnes de l'Amérique du Sud, à l'ouest ou à l'est? — Nommez la plus grande chaîne de montagnes. — Dites où sont les grandes plaines. — Quel est leur aspect?

Pourquoi l'Amérique du Sud a-t-elle de puissants fleuves? — Quels sont ces fleuves? — Comparez le fleuve des Amazones à des fleuves d'Europe. — Le climat de l'Amérique du Sud est-il partout le même? — Dites quelles en sont les différences. — L'Amérique du Sud a-t-elle des côtes découpées?

Quels sont les habitants primitifs de l'Amérique du Sud? — D'où viennent les Européens qui l'ont peuplée? — Est-elle très peuplée? — Quels sont les plus grands États de cette partie du monde? — Où sont-ils situés? — Quelles sont leurs capitales? — Montrez-les sur la carte.

Quels sont les produits des pays tropicaux de l'Amérique du Sud? de ses pays tempérés? — En quel pays trouve-t-on des pierres précieuses? — Quelle circonstance favorise le commerce entre l'Europe et l'Amérique du Sud?

OCÉANIE

176. L'**Océanie** comprend non seulement le **continent Australien**, mais un nombre considérable d'*îles* plus ou moins grandes, qui sont semées dans l'*océan Pacifique*. Les plus grandes de ces îles sont situées entre l'Australie et l'Asie et portent le nom d'**archipel Malais**.

177. L'*Australie* est moins grande d'un quart que l'Europe. La majeure partie du pays est plate. Presque tout l'intérieur, à peu de dis-

tance des côtes, est un *désert* pierreux, aride, comparable à ceux de l'Afrique.

Aussi les *fleuves* sont-ils courts et pauvres en eau. Beaucoup meurent en route et sont desséchés avant d'avoir pu atteindre la mer.

178. Les *côtes* d'Australie rappellent celles d'Afrique par la simplicité de leurs contours : les meilleurs ports sont situés au sud-est, dans la région où les montagnes sont en contact avec la mer.

Le *climat* est rude dans le grand désert de l'intérieur, tempéré sur les côtes. Là même le vent du désert se fait parfois sentir; il peut alors détruire en quelques heures toutes les récoltes d'une province.

179. L'Australie est une *colonie anglaise*. Il y a quarante ans à peine que la découverte de mines *d'or* y attira tout à coup des milliers de colons européens.

Aujourd'hui ils sont au nombre de plusieurs millions.

Mais ce n'est plus l'exploitation de l'or qui est la principale richesse : c'est l'élevage d'innombrables *troupeaux* de bœufs et de moutons.

C'est au sud-est que se presse la plus grande partie de la population, à cause de l'excellence de la terre et du climat.

Les deux plus grandes villes d'Australie sont *Sydney* et *Melbourne*.

180. Les *Hollandais* sont maîtres de presque toute la Malaisie : c'est à eux qu'appartiennent **Java** et **Sumatra**, fertiles et peuplées.

Les îles Malaises sont riches en *métaux*, surtout en *étain*. Leurs forêts, dont la végétation est entretenue par les fortes pluies de la zone tropicale, fournissent des *bois de construction* et des *bois précieux*.

Après le Brésil, Java est le pays du monde le plus favorisé pour la culture du *café*.

181. Les *Anglais*, les *Français*, les *Espagnols*, les *Allemands* se partagent le plus grand nombre des autres îles de l'Océanie; il en est peu dont les peuples soient restés indépendants des Européens.

182. On divise parfois l'Océanie en cinq

Devoir : Comparez les productions de l'Amérique du Sud à celles de l'Amérique du Nord (§ 167, 175), en faisant ressortir les différences de climat (planisphère, p. 23).

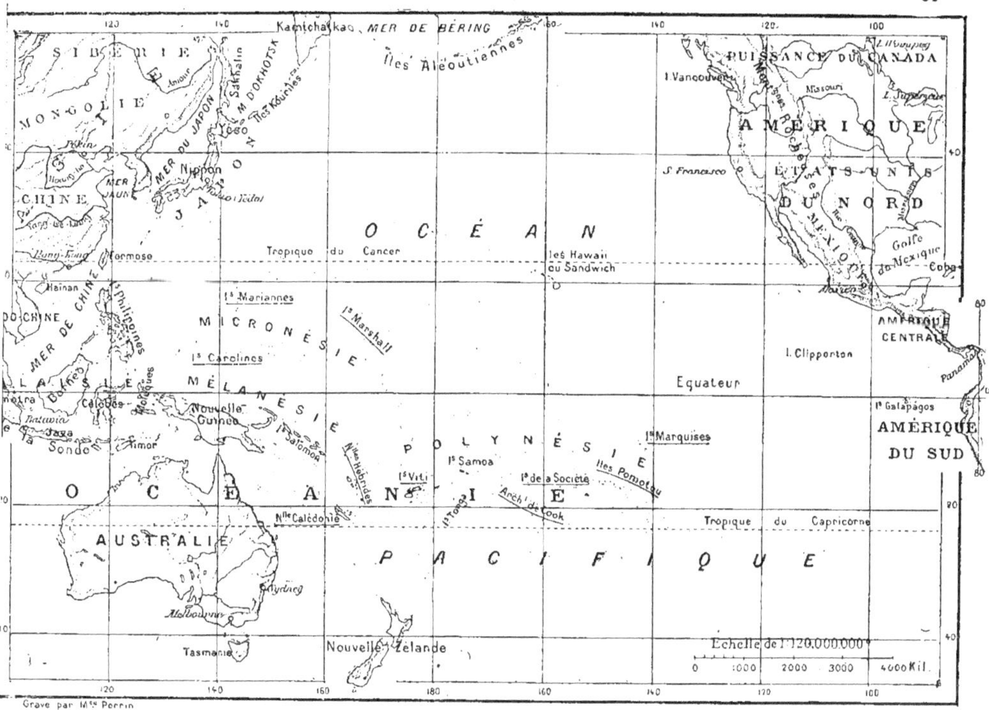

groupes : 1° l'**Australie**; 2° la **Malaisie**, ou pays des Malais; 3° la **Mélanésie**, ou îles des peuples nègres; 4° la **Micronésie**, ou ensemble des petites îles; 5° la **Polynésie**, tout à l'est.

Enfin quelques géographes réunissent la Malaisie et l'Australie sous le nom d'**Australasie**.

Questionnaire

De quoi se compose l'Océanie? — Comment est grande l'Australie? — L'Australie est-elle un continent très montagneux? — Où se trouvent les régions les mieux peuplées de l'Australie? — Où se trouve le désert en Australie? — Quelle est la nature des fleuves australiens?

Les côtes d'Australie sont-elles très découpées? — Ne vous font-elles pas penser à celles d'un autre continent? — Quel est le climat de l'Australie? — De quel pays l'Australie est-elle colonie? — Quand et comment les colons y ont-ils été attirés? — Sont-ils nombreux aujourd'hui? — Quelles sont leurs principales ressources? — Nommez les plus grandes villes d'Australie.

Qu'est-ce que la Malaisie? — D'où vient ce nom? — Quel peuple européen a les plus belles colonies en Malaisie? — Quels sont les produits minéraux de la Malaisie? les produits de ses forêts? ses principales cultures? — Quels peuples y ont fondé des colonies? — Quelle division des îles de l'Océanie emploie-t-on parfois? — Que désigne le mot d'Australasie?

Devoir : Indiquez les noms et la place des différentes parties de l'Océanie. — Entourez d'un trait les parties auxquelles on donne quelquefois le nom d'Australasie.

Paris

TROISIÈME PARTIE

PREMIÈRES NOTIONS SUR LA FRANCE

CHAPITRE I

FRANCE — SITUATION, DIMENSIONS ET LIMITES

183. Le lieu où nous vivons n'est pas un point isolé; il fait partie d'un grand pays, qui est *notre pays*; la commune n'est qu'une division de notre patrie, la **France**.

La France est située à peu près à égale distance de l'Équateur et du pôle Nord; elle est donc comprise tout entière dans la zone tempérée. On la range parmi les États de l'Europe occidentale.

184. Quatre mers la baignent et la bornent :

Au nord, la **mer du Nord** et la **Manche**, qui la séparent de l'Angleterre ;

A l'ouest, l'**océan Atlantique** ;

Au sud, la **mer Méditerranée**.

Quatre systèmes de *montagnes* contribuent aussi à la limiter :

Au sud, les **Pyrénées**, qui la séparent de l'Espagne ;

Au sud-est, les **Alpes**, qui la séparent de l'Italie ;

A l'est, le **Jura**, entre la France et la *Suisse*, et les *Vosges*.

Au nord-est, où il n'y a aucune montagne qui puisse former une limite bien nette, on a déterminé, par des traités signés avec les États voisins d'Allemagne et de Belgique, une ligne de séparation marquée par des bornes et des poteaux.

Nos *frontières* sont donc presque partout *naturelles*, c'est-à-dire formées par une mer, des montagnes ou un cours d'eau.

Une portion seulement de nos limites est *artificielle*, c'est-à-dire qu'elle n'est pas indiquée par la forme du sol.

La surface de la France est environ la *vingtième partie* de toute l'Europe.

Comparez sur la carte (p. 26) la grandeur de la France à celle de l'Europe (§ 184). — **Devoir** : Faites la liste des pays voisins de la France; dites s'ils sont séparés d'elle par une limite naturelle ou artificielle (carte, p. 45, et § 184).

Questionnaire.

De quel arrondissement la commune que vous habitez fait-elle partie? de quel département? — Dans quelle partie de la France est situé ce département? Est-il au nord? au sud? au centre?

Dans quel hémisphère est la France? dans quelle partie de l'Europe? — Les frontières de la France sont-elles toutes naturelles? — Montrez sur la carte les bornes de la France, en partant du nord, du sud-est, du sud-ouest. — Montrez les bornes marquées par des montagnes; les bornes qui sont des mers. — Indiquez bien précisément le point où les frontières sont artificielles, et dites les pays qui se trouvent de l'autre côté. — Où est l'Angleterre?

La commune que vous habitez est-elle loin de la frontière? — De quelle frontière est-elle plus voisine? de quel pays étranger? — Dans quelle zone est la France? — Quelle est la grandeur de la France par rapport à l'Europe?

Montagnes des Alpes françaises.

CHAPITRE II

LE RELIEF DE LA FRANCE
PRINCIPALES MONTAGNES

185. Le sol de la France est assez accidenté. Le *Nord* et l'*Ouest* sont surtout composés de *plaines entrecoupées de collines*, tandis que le *Centre*, l'*Est* et le *Sud* sont presque partout *montagneux*.

La France est ainsi divisée en deux parties d'aspect bien différent.

Les principaux systèmes de montagnes sont : au sud-est, les **Alpes**; à l'est, le **Jura** et les **Vosges**; au sud-ouest, les **Pyrénées**; vers le milieu du pays, le **Massif central**.

186. Les **Alpes** s'étendent entre la *France* et l'*Italie*, de la *Méditerranée* au *lac de Genève*. Leur *masse de hautes terres* est plus considérable que celle de tout autre système européen ; leurs *pics* sont aussi les plus élevés de l'Europe. Une grande quantité de *neiges* couvre perpétuellement leurs sommets, et des *glaciers* immenses remplissent le haut de leurs vallées.

La plus haute cime de toutes les Alpes, le **mont Blanc**, se dresse en France, à près de 5 000 mètres au-dessus de la mer.

La région des Alpes n'est *guère habitable* que dans les vallées. Les sommets, déchiquetés et pointus, sont presque inabordables, et les pentes sont couvertes de forêts, ou formées de rochers abrupts.

Devoir : Marquez à leur place, sur une carte muette ou un croquis fait par vous, les noms des principaux systèmes de montagnes français (voir carte, p. 45, et § 185).

187. Les Alpes ne peuvent être franchies qu'aux endroits où s'ouvrent des *cols*, étroits

Neiges et glaciers dans les Alpes.

comme des entailles faites dans la montagne. Mais les *vallées* qui se développent entre les massifs forment des couloirs, grâce auxquels on atteint plus aisément l'abord des cols.

Enfin les Alpes françaises sont aujourd'hui percées par un prodigieux *tunnel* de 12 kilomètres de long, qui met en communication directe et rapide la *France* et l'*Italie*.

188. Le **Jura** s'étend au nord des Alpes, entre la *France* et la *Suisse*. C'est un grand *plateau* incliné vers le nord-ouest, et qui sert de piédestal à une série de *chaînes parallèles*, dont les plus hautes sont sur la frontière de Suisse.

Le Jura est beaucoup moins massif, moins étendu, moins élevé que les Alpes. On n'y rencontre ni glaciers, ni neiges perpétuelles, ni grandes aiguilles de rochers.

189. Les **Vosges**, qui s'élèvent au nord du Jura, entre la *France* et l'*Alsace*, sont encore moins hautes que lui. *Les deux côtés de cette chaîne nous appartenaient avant 1871.* Nous n'en gardons que les pentes occidentales.

Les Vosges sont des montagnes de formes douces et arrondies, dont les sommets portent, le plus souvent, le nom de *ballons*. Les vallées y sont verdoyantes et arrosées par de nombreux cours d'eau; les pentes sont couvertes de sapins.

De toutes parts s'élèvent des villes industrielles, et des usines qui emploient, pour faire

Vallée dans les Vosges

tourner leurs moulins, les torrents et les *chutes d'eau* de la montagne.

Questionnaire.

Rappelez ce que c'est qu'une montagne, une chaîne de montagnes, un plateau, une colline, un glacier, etc. — Quelles sont les parties de la France qui ont surtout des plaines? surtout des montagnes? — Quels sont les principaux systèmes de montagnes? — Où sont les Alpes? — Quelles sont leurs limites en France? — Connaissez-vous en Europe de plus hautes montagnes? des pics plus élevés que ceux des Alpes? — Les Alpes ont-elles des neiges, des glaciers? — Quelle est l'importance de ces glaciers pour les fleuves d'Europe? — Quel est le plus haut sommet des Alpes? — Quelle est à peu près sa hauteur? — La région des Alpes est-elle très peuplée? — Les Alpes sont-elles faciles à franchir? — Leurs vallées ne facilitent-elles pas le passage? — N'a-t-on pas trouvé un autre moyen de les franchir? Où est le Jura? — Quelle sorte de montagne est le Jura? — Comparez le Jura aux Alpes pour la forme, pour la hauteur. — Le Jura a-t-il des glaciers? — De quel pays nous sépare le Jura? — Où sont les Vosges? sont-elles très élevées? — Quelle est leur forme? — Avons-nous encore toutes les Vosges? — A quelle époque en avons-nous perdu une partie? — Quelle cause favorise l'industrie dans les Vosges?

190. Les **Pyrénées** sont séparées des autres groupes montagneux de la France. Elles se dressent, entre la *France* et l'*Espagne*, de l'*océan Atlantique* à la *Méditerranée*, comme une véritable muraille.

C'est une *chaîne* aux *crêtes* régulièrement alignées, aux *cols* rares et difficiles à franchir. Les sommets y sont moins élevés que dans les Alpes, plus hauts que dans le Jura.

Placez votre règle sur la carte (p. 45), en mettant un bout au nord des Vosges, l'autre à l'ouest des Pyrénées : remarquez que la région des montagnes se trouve à droite de la règle et celle des plaines à gauche.

Les hautes régions des Pyrénées sont couvertes de *neiges* et de *glaces* sur bien des points,

Cirque de Gavarnie.

mais on n'y voit pas de *glaciers* comparables aux glaciers alpestres. Parfois les sommets sont disposés en grands amphithéâtres, qui portent le nom de *cirques*.

191. On appelle **Plateau central** ou *Massif*

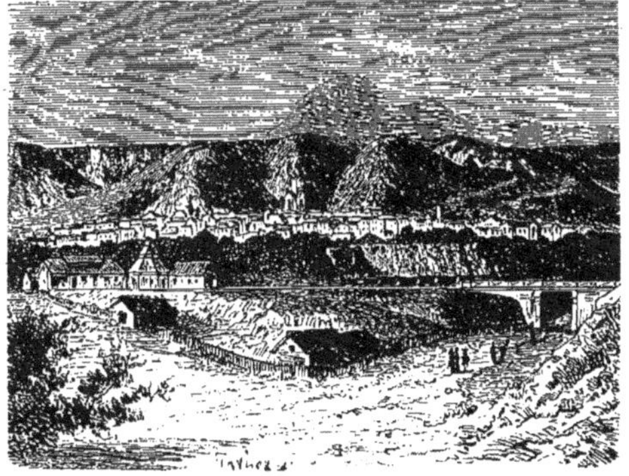

Le Puy de Dôme, dans les monts d'Auvergne.

central le groupe de hautes terres qui s'élève au milieu de notre pays, comme une sorte de grande forteresse, et *appartient tout entier à la France.*

On lui donne ces deux noms, parce qu'il y a un soubassement ou *plateau* sur lequel reposent des *massifs* et des *chaînes*.

192. Le plateau s'adosse au sud-est à une chaîne qu'on appelle **Cévennes** : il s'incline vers le nord-ouest et le sud-ouest. A sa surface se développent *trois rangées de montagnes*, dont les plus importantes sont les **monts d'Auvergne**, au nord-ouest.

Les montagnes du Massif central sont moins hautes que les Alpes et les Pyrénées; elles n'ont ni glaciers, ni neiges persistantes.

Cette partie de la France contient un grand nombre de *volcans*, éteints aujourd'hui, mais encore parfaitement reconnaissables à leur forme et à leurs larges *cratères*. Ils portent pour la plupart le nom de *puy*, qui signifie sommet.

193. Le *reste de la France* est composé de grandes *plaines*, *descendant en pentes douces vers nos quatre mers*.

A la surface de ces plaines ou à leur extrémité, tout près de la mer, s'élèvent quelques massifs de collines.

Ainsi la *Bretagne* et la *Normandie* contiennent des hauteurs encore importantes, quoique très inférieures à celles du Massif central et des Vosges.

Questionnaire.

Où sont les Pyrénées? — Se rattachent-elles aux autres montagnes de France? — Quelle est la forme des Pyrénées? — Les Pyrénées sont-elles faciles à franchir? — Qu'est-ce qu'un cirque?

Où est le Massif central? — Pourquoi lui applique-t-on aussi le nom de Plateau central? — Quelle est la chaîne qui le borde au sud-est? — Où sont les monts d'Auvergne? — Quelles sont les montagnes françaises où se trouvent des volcans éteints? — Qu'est-ce que les puys? — Décrivez la partie de la France où se trouvent surtout des plaines. — Quels sont les pays les plus élevés de la région de l'Ouest?

Habitez-vous un pays bas ou haut? sur un plateau, dans une plaine, dans une vallée? — Citez les montagnes les plus proches de votre pays, les vallées, les collines.

Devoirs : Indiquez quelques ressemblances et quelques différences entre les Alpes (§ 186, 187) et les Pyrénées (§ 190). — Classez approximativement par ordre de hauteur les grandes montagnes de France (§ 186, 188, 189, 190, 192).

Estuaire de la Gironde.

CHAPITRE III

LES COURS D'EAU DE LA FRANCE

194. La France reçoit une moyenne quantité de *pluies*, puisqu'elle est située dans la zone tempérée, et voisine de l'Océan, d'où viennent les nuages. Aussi les côtes de l'Ouest sont-elles abondamment arrosées.

Dans les hautes régions des Alpes, la pluie tombe en neige et grossit les *glaciers*; dans les Pyrénées s'accumulent des *neiges*, mais en quantité moindre. Les autres montagnes n'en conservent qu'en hiver.

L'eau qui coule dans nos fleuves provient donc, ici de *glaciers* qui fondent à leur base, là des *neiges* que le soleil réduit en eau, ailleurs de *pluies*, qui pénètrent dans la terre comme dans un tamis, puis rejaillissent en sources.

195. Toutes ces eaux se répartissent entre un *grand nombre de fleuves*. Une portion *se déverse* vers la mer Méditerranée, une autre vers l'océan Atlantique, la Manche et la mer du Nord.

On distingue ainsi *deux versants* principaux :

Le versant du Nord-Ouest, qui s'incline vers la mer du Nord, la Manche et l'Atlantique;

Le versant du Sud-Est, qui s'incline vers la Méditerranée.

Entre les deux versants se développent des lignes de hauteurs, tantôt importantes, tantôt médiocres : c'est ce qu'on appelle *ligne de partage des eaux*.

196. Chaque versant est à son tour partagé entre les **bassins** de fleuves. Entre deux bassins la séparation est souvent formée par un pli de terrain insignifiant, et non par des montagnes. Les sources de cours d'eau coulant en sens opposé sont quelquefois voisines l'une de l'autre, sans hauteur qui les sépare.

Le versant du Nord-Ouest, le plus vaste, contient trois bassins principaux : ceux de la **Seine**, de la **Loire**, de la **Garonne**;

Le versant du Sud-Est ne contient qu'un seul bassin, celui du **Rhône**.

D'autres fleuves, la **Meuse** et l'**Escaut**, n'appartiennent à la France que par une petite portion de leurs cours. Le **Rhin** lui appartient par la **Moselle**, son affluent.

Questionnaire.

Rappelez ce que c'est qu'un *fleuve*, un *affluent*, un *bassin*, un *versant*. — La France a-t-elle des fleuves nombreux? — Pourquoi? — D'où viennent les eaux que roulent nos fleuves?

Cherchez sur la carte (p. 45) la ligne de partage des eaux; observez les parties où elle est élevée, basse, celles où elle disparaît presque complètement (§ 195-196).

— Quels sont les deux versants entre lesquels se partagent les fleuves français? — La séparation entre les cours d'eau des deux versants ou des divers bassins est-elle partout également marquée? — Comment subdivisez-vous chaque versant? — Entre quels fleuves principaux se partagent les terres du versant du nord-ouest? celles du versant du sud-est? — N'y a-t-il pas d'autres fleuves qui ne coulent que partiellement en France? — Quels sont-ils?

197. La **Seine** reçoit les eaux d'une grande partie des *plaines du nord et du nord-ouest* de la France.

Le cours de la Seine suit une *pente modérée* et à peu près égale, de sorte que ses eaux coulent doucement vers la mer. Ses affluents ont presque tous la même régularité de pente.

Enfin les terrains arrosés par la Seine et ses tributaires sont presque partout *perméables*, c'est-à-dire capables d'absorber une partie des eaux de pluie qui tombent à la surface.

Il en résulte que la Seine déborde rarement,

La Seine à Rouen.

même après les plus fortes pluies; elle reste abondante même au temps des grandes sécheresses, puisque ses sources rendent petit à petit l'eau reçue des nuées.

C'est *le plus régulier de nos fleuves*, et, pour cette cause, le plus utile à la navigation.

198. Au moment de la *marée*, le flot de la Manche refoule les eaux du fleuve jusqu'à une grande distance de son embouchure, augmente ainsi sa profondeur ordinaire, et le rend accessible à de gros navires.

La Seine a pour affluents principaux : sur la rive droite, l'**Aube**, la **Marne** et l'**Oise**; sur la rive gauche, l'**Yonne** et l'**Eure**.

Questionnaire.

Quels pays arrosent la Seine et ses affluents? — La pente de la Seine est-elle rapide? — Qu'entendez-vous en disant que les terrains arrosés par la Seine sont *perméables*? — Pourquoi dites-vous que la Seine est le plus régulier de nos fleuves? — Est-elle utile à la navigation? — Expliquez les effets du flot de marée sur la profondeur de la basse Seine. — Quels sont les grands affluents de la Seine à droite? à gauche?

199. La **Loire** diffère complètement de la Seine. Elle *reçoit du Massif central* la plus grande partie de ses eaux. Or le Massif central se compose surtout de terrains rocheux et durs, abrupts, *imperméables*, c'est-à-dire où l'eau ne filtre pas, mais glisse à la surface.

Aussi, au printemps, quand fondent les neiges des montagnes, ou bien après de grandes

La Loire à Tours.

pluies, la Loire reçoit, par elle-même et par ses affluents, presque toute l'eau des pluies et de la fonte des neiges : rien ne se perd dans le sol.

Alors elle se gonfle en peu de jours et *inonde* ses rives avec une impétuosité terrible.

Au contraire, en été, après des chaleurs persistantes, elle devient une pauvre rivière qui serpente au milieu des sables.

C'est donc un fleuve peu utile à la navigation et dangereux pour les pays riverains.

200. Sa source est dans les Cévennes; la

Devoir : Dessinez la Seine; marquez ses affluents de droite et de gauche (carte, p. 45, et § 197, 198). — Faites la même chose pour la Loire (§ 200).

Loire coule d'abord au milieu des montagnes, à travers des vallées rapides et resserrées. Peu à peu sa pente s'adoucit ; puis *elle tourne à l'ouest et se dirige vers l'océan Atlantique.*

Son plus grand affluent sur la rive gauche, l'**Allier**, est presque une seconde Loire. Il prend sa source dans les Cévennes, comme la Loire, et contribue beaucoup à ses débordements.

Trois autres grands affluents, le **Cher**, l'**Indre** et la **Vienne**, *descendent aussi du Massif central.*

Un seul affluent considérable rejoint la Loire sur la rive droite : c'est la **Maine**, composée de trois autres rivières : le **Loir**, la **Sarthe** et la **Mayenne**.

Questionnaire.

D'où la Loire reçoit-elle la plus grande partie de ses eaux ? — Expliquez pourquoi la Loire est un fleuve irrégulier, pourquoi elle inonde souvent ses rives, pourquoi elle est si basse en été. — La Loire est-elle utile à la navigation ? — Où est sa source ? — Décrivez son cours. — Quel est son grand affluent de gauche ? — L'Allier diffère-t-il beaucoup de la Loire ? — Quels sont les autres affluents de la Loire ? — D'où viennent-ils ?

201. La **Garonne** n'est ni aussi inconstante que la Loire, ni aussi régulière que la Seine. Elle reçoit, à droite, les eaux du *Massif central,* d'autre part elle s'alimente aux *Pyrénées,* dont les neiges persistantes assurent sa subsistance en été.

C'est au printemps, lors de la fonte des neiges pyrénéennes, que la Garonne subit les plus redoutables *crues.*

Ce fleuve vient de la région la plus élevée et la plus sauvage des Pyrénées. Il a plusieurs sources, *toutes situées en Espagne.* Mais, à peine formé, il entre en *France,* se dirige d'abord vers l'est, comme pour aller vers la *Méditerranée ;* puis tourne au nord-ouest et descend vers l'océan Atlantique.

202. L'**Ariège** et le **Gers** sont les principaux affluents qui lui viennent du côté des *Pyrénées,* l'un à droite, l'autre à gauche.

Le **Tarn** et le **Lot** descendent du *Massif central,* où ils coulent au fond de gorges d'une profondeur effrayante ; ce sont deux torrents, tantôt pauvres en eau, tantôt débordants.

La Garonne, dans la dernière partie de son cours, s'unit à la **Dordogne**, qui descend des pentes du *puy de Sancy.*

Les deux rivières réunies prennent alors le nom de **Gironde**, forment un immense *estuaire,* toujours sillonné de grands navires, et ne tardent pas à se mélanger d'eau salée et à se confondre avec la mer. (Voir la fig., p. 42.)

Questionnaire.

La Garonne est-elle un fleuve régulier ? — D'où lui viennent ses eaux et celles de ses affluents ? — A quelle époque ses eaux montent-elles ? — Où sont les sources de la Garonne ? — Indiquez ses changements de direction. — Nommez et montrez ses principaux affluents. — Lesquels lui viennent du Massif central ? — Le Tarn et le Lot sont-ils des fleuves réguliers ? — D'où vient la Dordogne ? — Qu'appelez-vous Gironde ? — Décrivez son estuaire.

203. Le **Rhône**, seul grand fleuve du *versant sud-est,* ne ressemble à aucun des précédents. En effet, la plus grande partie de ses eaux lui vient des *glaciers* des Alpes, ce qui lui assure en été, au moment de la fonte la plus active des glaces, un abondant *volume d'eau.*

Il est d'ailleurs de beaucoup *le premier de nos fleuves par la quantité d'eau qu'il roule* en moyenne. Ses crues sont encore plus fortes que celles de la Loire.

Les *torrents* qui lui viennent des *Alpes,* et plus encore des *Cévennes,* ont des gonflements énormes et soudains. Des Cévennes et des Alpes les eaux descendent avec une *pente très brusque* et arrivent rapidement au lit du fleuve.

204. Le Rhône a sa source en *Suisse,* dans une partie élevée des Alpes. Il forme le grand *lac de Genève, dont la partie méridionale est française ;* ensuite il est tout entier en France. Enfin il fait un coude, et se dirige en ligne droite vers la *Méditerranée.*

La **Saône**, principal affluent du Rhône à droite, lui apporte les eaux du Jura et des hauteurs médiocres de la Bourgogne ; elle reçoit elle-même le *Doubs,* la plus grande rivière du Jura.

A droite, l'*Isère* et la *Durance,* qui viennent des Alpes françaises, sont de grands torrents plutôt que des rivières.

205. Le Rhône forme à son embouchure, *non*

Devoir : Dessinez le cours de la Garonne (carte, p. 45) ; marquez ses affluents de droite et de gauche (§ 202). — Dessinez à part les embouchures de la Seine, de la Gironde, du Rhône (§ 198, 202, 205, et carte, p. 45).

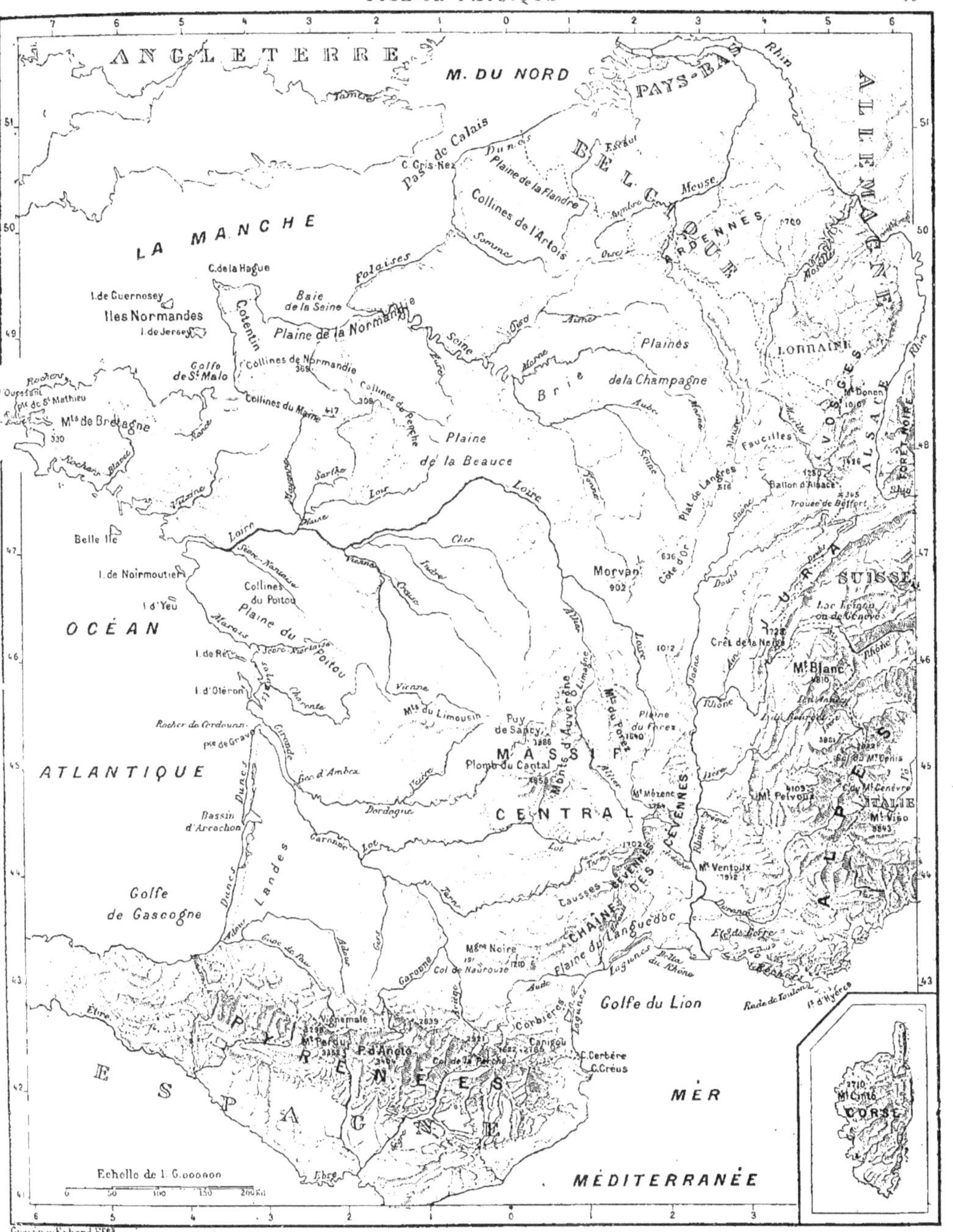

ANGLETERRE
M. DU NORD
PAYS-BAS
BELGIQUE
ALLEMAGNE
Rhin
Tamise
Pas de Calais
C. Gris-Nez
Dunes
Escaut
Plaine de la Flandre
Collines de l'Artois
Somme
ARDENNES
Meuse
LA MANCHE
C. de la Hague
Baie de la Seine
I. de Guernesey
Iles Normandes
I. de Jersey
Cotentin
Plaine de la Normandie
Collines de Normandie
Seine
Oise
Aisne
Marne
Plaines
LORRAINE
VOSGES
ALSACE
FORÊT NOIRE
M¹ Donon
Brie
de la Champagne
Aube
Faucilles
Ballon d'Alsace
Trouée de Belfort
Rochers
M¹ de S¹ Mathieu
M¹ˢ de Bretagne
Rochers Blancs
Collines du Maine
Plaine de la Beauce
Loire
Plat de Langres
Côte d'Or
JURA
SUISSE
Belle Ile
Cher
Morvan
Doubs
Lac Léman ou de Genève
I. de Noirmoutier
Collines du Poitou
Indre
Crêt de la Neige
I. d'Yeu
OCÉAN
Plaine du Poitou
Creuse
Allier
Loire
Rhône
M¹ Blanc
I. de Ré
Vienne
M¹ˢ du Limousin
Puy de Sancy
Monts d'Auvergne
M¹ˢ du Forez
Plaine du Forez
Col du M¹ Cenis
I. d'Oléron
Rocher de Cordouan
P¹ᵉ de Grave
Charente
MASSIF
Plomb du Cantal
M¹ Pelvoux
ATLANTIQUE
Bec d'Ambès
Dordogne
CENTRAL
M¹ Mézenc
ITALIE
M¹ Viso
Bassin d'Arcachon
Garonne
Lot
Isère
ALPES
Landes
CÉVENNES
M¹ Ventoux
Golfe de Gascogne
Tarn
CHAINE DES CÉVENNES
Durance
Causses
Plaine du Languedoc
Lagunes du Rhône
Col de Pau
M¹ Noire
Col de Naurouze
Garonne
Aude
Golfe du Lion
I. d'Hyères
Rade de Toulon
Corbières
Vignemale
M¹ Perdu
P. d'Anéto
Canigou
C. Cerbère
C. Créus
Col de la Perche
PYRÉNÉES
ESPAGNE
Èbre
MER
MÉDITERRANÉE
M¹ Cinto
CORSE
Echelle de 1.6.000000
0   50   100   150   200 Kil
Gravé par Erhard Frères

pas une grande baie, comme la Seine, la Loire et la Gironde, mais un *delta* marécageux et

Jonction du Rhône et de la Saône, à Lyon.

composé de sables, qui s'avancent peu à peu en gagnant sur la mer.

Ces sables ne sont autre chose que les innombrables parcelles de terre arrachées par les torrents aux flancs des Cévennes, des Alpes, et transportées jusqu'à l'embouchure.

La *rapidité extrême* du Rhône gêne beaucoup la navigation. La *Saône*, qui coule très lentement, est au contraire un cours d'eau favorable au transport des marchandises.

Questionnaire.

D'où le Rhône reçoit-il la plus grande partie de ses eaux? — Est-ce un fleuve régulier ou irrégulier? — Roule-t-il beaucoup d'eau? — D'où lui viennent ses affluents? — Sont-ce des rivières à faible courant ou des torrents? — Où est la source du Rhône? — Quel lac forme-t-il? — Quel est le grand affluent de droite du Rhône? — Quelle est la rivière qui apporte à la Saône les eaux du Jura? — Nommez les torrents que le Rhône reçoit des Alpes à gauche. — Qu'entendez-vous par *delta* du Rhône? — Expliquez la formation du delta. — Le Rhône est-il très favorable à la navigation? — La Saône lui ressemble-t-elle?

206. Dans la région de l'*Est* et du *Nord-Est* prennent naissance des rivières dont le cours supérieur seulement appartient à la France. Telle est la **Moselle**, rivière lorraine, qui va rejoindre le *Rhin* en territoire allemand, tels la **Meuse** et l'**Escaut**, qui ont leurs embouchures en Hollande, sur la *mer du Nord*.

Il y a aussi un grand nombre de *fleuves secon-*daires, qui se jettent directement à la mer après un cours de peu de longueur; quelques-uns ont une assez notable importance pour le commerce et la navigation.

Sur le versant de la Manche, les plus considérables sont : la **Somme**, lente et régulière comme la Seine, et l'**Orne** ;

Sur le versant de l'océan Atlantique, la **Vilaine**, la **Charente** et l'**Adour** ;

Sur le versant de la Méditerranée, l'**Aude** et le **Var**.

207. La France n'a pas beaucoup de grands lacs. Elle possède la rive méridionale du lac *Léman* ou de *Genève*.

Questionnaire.

Nommez les rivières de l'Est et du Nord-Est qui ont seulement leur cours supérieur en France. — Dites où elles vont se jeter. — Citez les fleuves secondaires qui se jettent dans la Manche, dans l'océan Atlantique, dans la Méditerranée. — Quelle partie d'un grand lac possède la France?

Cherchez sur la carte le plus grand fleuve français. — Où va le cours d'eau qui arrose votre commune ou qui coule dans le voisinage? — Finit-il par aboutir à l'un des grands fleuves cités ici? — Est-il large? profond? rapide? — Quels bateaux peut-il porter?

CHAPITRE IV

LES CÔTES DE LA FRANCE

208. Les plus grandes montagnes de France sont situées loin de la mer ou ne sont baignées par elle qu'à leurs extrémités. Donc *les côtes de France ne sont, en général, ni très hautes, ni très découpées.*

Le *littoral* de la France s'étend sur quatre mers : la **mer du Nord**, la **Manche**, l'**océan Atlantique**, la **Méditerranée**.

209. Sur la *mer du Nord*, nous possédons une toute petite étendue de côtes, qui termine un pays de plaines très basses; aussi la *côte* est-elle tout à fait *plate* et bordée d'une rangée de *dunes* de sable.

Le **Pas-de-Calais**, détroit resserré qui sépare la *France* de l'*Angleterre*, réunit la mer du Nord à la Manche.

210. La *côte de la Manche* est composée de plusieurs parties très différentes les unes des autres.

Entre les embouchures de la Somme et de la

Comparez sur les cartes d'Asie (p. 29), d'Amérique (p. 33 et 35), d'Afrique (p. 31) et d'Europe (p. 26) la longueur des fleuves français à celle de quelques autres grands fleuves.

Seine, la mer baigne un pays assez élevé, le **pays de Caux**; aussi le littoral y présente l'aspect de murailles, qu'on appelle *falaises*, et qui se dressent parfois à pic jusqu'à 100 mètres de hauteur.

Ce sont des roches que le choc de la mer casse aisément et démolit pièce à pièce : des amas de débris jonchent le pied des falaises.

Falaises de Normandie.

Les falaises cessent à l'*embouchure de la Seine*, qui s'ouvre en une large *baie*.

Dans la partie occidentale des côtes de la Manche, se dessinent la **péninsule du Cotentin** et la partie nord de la **péninsule de Bretagne**.

211. La côte de **Bretagne** a un aspect très

Côtes de Bretagne.

sauvage : elle est *rocheuse*, dentelée de golfes et de caps. La mer, s'engouffrant entre les îles et le rivage, forme des *courants* redoutables.

Entre les péninsules du Cotentin et de Bretagne s'enfonce la baie du **mont Saint-Michel**, où montent les plus hautes marées de France.

212. En avant du littoral breton, que baigne aussi l'*Atlantique*, est la **rade de Brest**, l'une des plus profondes découpures de nos côtes.

A partir de l'*embouchure de la Loire*, la côte de l'Atlantique devient généralement plate,

Marais salants.

puisqu'elle est l'extrémité d'un pays de plaine. Des *marais salants* y ont été creusés presque partout. Au large s'élèvent quelques *îles*.

213. L'Océan y forme, jusqu'au pied des Pyrénées, le large **golfe de Gascogne**, où s'ouvre l'*embouchure de la Gironde*, vaste fleuve

Dunes de Gascogne.

plus semblable à un bras de mer qu'à un cours d'eau douce. L'entrée en est marquée par le *rocher de Cordouan*, surmonté d'un phare.

Devoir : Dessinez le littoral de la France sur la mer du Nord et sur la Manche; marquez les noms des presqu'îles, caps, golfes, etc.; indiquez si la côte est composée de falaises, de rochers, etc., si elle est découpée ou non (carte, p. 45, et

Après la Gironde s'étend une longue ligne de sables, dominée par une rangée de hautes *dunes*. Cette côte est interrompue par la baie ou **bassin d'Arcachon**.

Autrefois les dunes, poussées par le vent de mer, envahissaient le pays; on est parvenu à les rendre immobiles en y plantant des pins.

La côte française de l'Atlantique cesse au pied occidental des Pyrénées.

Questionnaire.

Pourquoi les côtes de France ne sont-elles, en général, ni très hautes ni très découpées? — Quelles sont les mers sur lesquelles s'étend notre littoral? — Rappelez ce que c'est qu'un golfe, un cap, un détroit, une île, etc. — Avons-nous une grande étendue de côtes sur la mer du Nord? — Cette partie de la côte est-elle basse ou élevée? — Pourquoi? — Quel détroit unit la mer du Nord à la Manche? — La côte de la Manche offre-t-elle partout le même aspect? — Décrivez-la de l'embouchure de la Somme à l'embouchure de la Seine. — Qu'appelez-vous falaises? — Décrivez la partie occidentale des côtes de la Manche; dites-en les deux grandes péninsules; la grande baie.

Quel est le caractère de la côte bretonne? — Où est située la rade de Brest? — A partir de quel endroit la côte de l'océan Atlantique est-elle plate? — Où est-elle bordée de dunes? — Montrez sur la carte le golfe de Gascogne, l'embouchure de la Gironde, le bassin d'Arcachon. — Comment a-t-on rendu les dunes immobiles?

214. Le littoral de la Méditerranée comprend deux parties rocheuses, l'une à l'ouest, toute petite, l'autre à l'est, très développée, et, au milieu, une partie basse et plate.

215. Le long du **golfe du Lion**, se développe une série d'*étangs* ou plutôt de *lagunes*, où la

Lagunes de la Méditerranée.

mer pénètre par des chenaux étroits. Là le littoral est bas, plat et se compose de sables.

Ces lagunes se continuent jusqu'à l'*embouchure du Rhône*, qui se jette dans la mer par plusieurs bras. (Voir ci-dessus, § 205, la description du delta du Rhône.)

216. *A l'est du Rhône*, les Alpes et d'autres montagnes abruptes et rocheuses sont en contact avec la mer : donc *la côte est élevée*, dé-

Côtes rocheuses de la Méditerranée.

coupée, entaillée de golfes et de caps en grand nombre; c'est la côte de Provence, la meilleure que nous possédions avec celle de Bretagne. Là s'ouvre la belle **rade de Toulon**.

217. A une assez grande distance au large, s'élève une île française, la **Corse**. C'est une grande terre, très montagneuse. Elle présente, à l'ouest, des baies bien ouvertes et sûres.

Côtes de la Corse.

218. Toutes les côtes françaises sont bordées d'une longue rangée de *phares*, dont la lumière

§ 208, 209, 210, 211). — Faites le même travail pour l'Atlantique (§ 212, 213), pour la Méditerranée (§ 214, 215, 216). — Voir sur la carte d'Europe (p. 26) la place de la Corse par rapport à la France. — **Devoir** : Dessinez la Corse.

signale pendant la nuit les endroits dangereux, et guide les navires vers les *ports*, qui ont été établis dans les endroits abrités.

On trouve de grands ports le long des côtes rocheuses, en *Bretagne* et en *Provence*, où les découpures sont nettes et profondes; ils sont placés aussi à l'entrée de ces beaux golfes d'eau douce que forment les embouchures des fleuves.

219. Si la France n'a pas sur ses côtes d'innombrables abris, comme les îles Britanniques, elle est pourtant un *pays* encore *assez favorisé par la nature de son littoral*, que peuplent des marins vaillants et adroits. Notre pays est une grande puissance maritime.

Questionnaire.

Comment divisez-vous le littoral de la Méditerranée? — Montrez les deux parties rocheuses et hautes, la partie plate. — Après la côte pyrénéenne, de quelle nature est le littoral jusqu'à l'embouchure du Rhône? — Montrez les lagunes et dites ce que c'est.

De quelle nature est la côte à l'est de l'embouchure du Rhône? — Pourquoi y est-elle rocheuse? — Montrez sur la carte la rade de Toulon. — Qu'est-ce que la Corse? — Quelle est la nature de ses côtes? — Où se sont établis les grands ports de mer de France? — La France est-elle un des pays maritimes les plus favorisés du monde?

De quelle partie des côtes êtes-vous le plus voisin? — Comment pourriez-vous aller au point le plus proche du littoral? — Ce littoral est-il plat ou élevé? rocheux ou sablonneux?

CHAPITRE V

LE CLIMAT DE LA FRANCE

220. La France jouit d'un *climat tempéré*, puisqu'elle est située tout entière dans la zone tempérée. Mais il y a d'*assez grandes différences* entre ses régions du Nord et du Sud, de l'Ouest et de l'Est, puisque notre pays est étendu et diversement exposé.

Suivant qu'on est plus ou moins loin de la mer, plus près du nord ou du sud, qu'on habite un pays de plaines ou un pays de montagnes, on a un climat plus ou moins variable, plus ou moins chaud, plus ou moins humide.

221. Les *contrées du Nord-Ouest et de l'Ouest*, où règnent des vents tièdes venus de l'Atlantique, ont des hivers doux et des étés sans excès de chaleur. Mais ils reçoivent beaucoup de pluies, surtout en automne et en hiver : le ciel y est souvent couvert de nuages.

Les *contrées du Nord-Est et de l'Est* ont des hivers rigoureux et des étés plus chauds que les pays riverains de l'Atlantique.

Dans les plaines du *Centre*, le climat n'est ni aussi tempéré qu'à l'ouest, ni aussi extrême qu'à l'est.

222. Les *pays du versant de la mer Méditerranée* sont plus chauds que ceux du versant du Nord-Ouest. Le ciel y est plus clair, moins souvent chargé de nuages. La pluie y est surtout beaucoup plus faible et tombe rarement en été. L'air qu'on y respire est beaucoup plus sec.

223. Bien entendu, les *pays montagneux* sont plus froids que les pays de plaines.

Le Massif central, par exemple, a des hivers très rigoureux; la neige s'y maintient durant une partie du printemps.

Questionnaire.

Le climat de la France est-il rigoureux ou tempéré? — Est-il partout le même? — Quelle est la cause des différences? — Quel est le climat des pays maritimes de l'Ouest et du Nord-Ouest? celui des pays du Nord-Est et de l'Est? des pays du Centre? des pays du versant de la Méditerranée? — Quel est le climat des pays de montagnes?

Quel est le climat du pays que vous habitez? — En quelle saison y tombe-t-il le plus d'eau?

Devoirs de récapitulation : Répondez par écrit aux questions suivantes : 1° Dans quelle zone est située la France? 2° Indiquez des pays du monde situés dans la même zone, au nord ou au sud de l'équateur (planisphère, p. 23); 3° Dans quelle partie de la France fait-il constamment le plus chaud? Le climat est-il plus humide à l'est ou à l'ouest de la France, et pourquoi? 4° Citez, en dehors du Massif central, des régions de montagnes françaises où il fait plus froid que dans les plaines.

Marseille.

CHAPITRE VI

GRANDES VILLES DE LA FRANCE

224. La **France** contient plus de **38 millions** d'habitants.

Ces habitants ne sont *pas répartis également* à la surface du territoire. Sur certains points ils vivent isolés et éloignés les uns des autres, ou ne forment que de petites agglomérations; dans d'autres parties, au contraire, ils sont réunis et groupés en grand nombre sur un espace restreint.

Suivant que les habitants sont réunis en plus ou moins grand nombre sur un seul point, ils forment un *hameau*, un *village*, un *bourg*, une *ville*.

225. Un **hameau** est un groupe de quelques maisons seulement.

Si les maisons sont plus nombreuses, elles forment un **village**.

Un gros village prend le nom de **bourg**.

Une **ville** est la réunion d'un nombre plus considérable d'habitants, c'est un *bourg plus peuplé*.

Le nombre des habitants des villes varie d'ailleurs beaucoup : certaines villes n'ont que *deux à trois mille habitants*; **Paris** en a plus de deux millions, **Londres** plus de trois.

226. Les *régions les plus peuplées* de la France sont, bien entendu, les régions de plaines et de collines où la terre est riche, le climat tempéré, les communications faciles. Au contraire, les pays de hautes montagnes, par exemple ceux des Alpes et du Massif central, ont peu d'habitants. Mais, dans les plaines même, il arrive aussi que la population soit très peu nombreuse, lorsque le sol y est de mauvaise qualité, comme dans les *étendues de landes, de marais*.

Le *voisinage de la mer* attire une nombreuse population sur les côtes qui possèdent de bons ports, même si la terre y est pauvre. Alors c'est la pêche qui nourrit cette population.

227. L'*importance des villes* tient surtout à l'*industrie* et au *commerce*, ou bien aux *grandes administrations* qui y ont leur siège, ou aux *fortifications* qui servent à la défense du pays. Un pays agricole peut être très peuplé; mais on y rencontre des bourgs plutôt que des villes.

Voir où se trouvent les villes indiquées au § 229 (carte, p. 54). **Devoir** : Indiquez celles qui se trouvent au bord de la mer, en pays de plaines, de montagnes.

L'industrie consiste à *transformer pour l'usage de l'homme les matières que fournit la terre*. Avec le minerai de fer produire de l'acier, avec de l'acier fabriquer des armes, des outils, des machines, avec le chanvre faire du fil, avec le fil fabriquer la toile : *voilà des industries*.

Le **commerce** consiste à *échanger les productions de la nature ou les objets fabriqués*. Ainsi on transportera d'un point à un autre du vin ou du blé ; *en France*, on apportera *d'Amérique* du coton, du café ; *en Afrique*, on apportera *d'Europe* des étoffes ou des objets fabriqués, etc. : *voilà du commerce*.

228. Les grandes villes ne se sont pas établies suivant la fantaisie des hommes ; elles se sont formées peu à peu sur les points les plus propices. Sur le bord de la mer, on a cherché le voisinage d'un *golfe* ou d'une *baie* ; dans l'intérieur des terres, les *rivières navigables* ou le voisinage des *mines*. La ville est ainsi devenue d'autant plus grande qu'elle pouvait fournir du travail à un plus grand nombre d'hommes.

Questionnaire.

Combien la France a-t-elle d'habitants ? — Qu'est-ce qu'un hameau, un village, un bourg, une ville ? — La population est-elle la même ou à peu près la même dans toutes les villes ? — Quelles sont les régions les plus peuplées de la France ? les moins peuplées ? — Pourquoi certaines terres pauvres situées dans le voisinage de la mer sont-elles néanmoins très peuplées ? — A quoi tient l'importance des villes ? — Qu'est-ce que l'industrie ? le commerce ? — Comment s'explique-t-on que des villes se soient formées sur certains points plutôt que sur d'autres ?
Quelle grande ville connaissez-vous ? — A-t-elle des manufactures ? quelles manufactures ? — Quel commerce fait-elle ? — Combien a-t-elle d'habitants ?

229. Il y a en France 12 villes qui comptent une population d'au moins 100 000 habitants. Ce sont :

Paris, Lyon, Marseille, Bordeaux, Lille, Toulouse, Nantes, Saint-Étienne, le Havre, Rouen, Roubaix, Reims.

230. La *capitale de la France*, **Paris**, est divisée par la Seine en deux parties, et située au centre même de la riche région qu'arrose ce fleuve. Paris est *la ville la plus peuplée de la France* et l'une des plus peuplées du globe. Il contient plus de **deux millions** d'habitants.

C'est une ville *d'industrie* et de *commerce*, que sa situation met en rapports faciles avec le

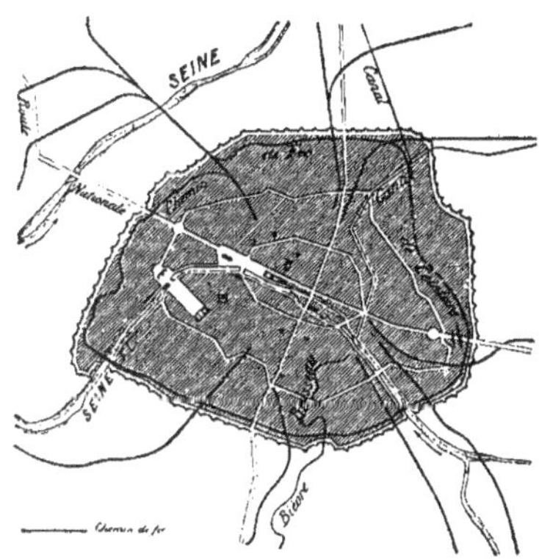

Plan de Paris.

reste de la France et avec les plus importants des pays européens, l'*Angleterre*, la *Belgique*, l'*Allemagne*, etc.

Enfin, comme capitale, Paris est le *siège du gouvernement* et renferme de grands *monuments* d'utilité publique. De nombreux *forts* le protègent de tous côtés.

Villes importantes situées près de Paris : **Versailles** et **Saint-Denis.**

231. Les autres villes de premier ordre sont : Dans le Nord : **Lille, Roubaix, Amiens** et **Reims.**

Ce sont surtout des villes industrielles. En effet, le Nord de la France contient les plus riches *mines de houille* ; auprès de ces mines se sont groupées de nombreuses industries, qui ont besoin de combustible pour leurs machines à vapeur. De plus, nos régions du Nord sont également très riches par l'*agriculture*.

232. **Lille**, près de la Belgique, *est avant tout une ville d'industrie*, produisant des machines et des objets en fer de toute sorte, des étoffes, du sucre, de la bière.

Roubaix fabrique des quantités de draps.

Reims est la grande ville des lainages, et se trouve aussi dans la région où se fait le vin de Champagne, connu dans le monde entier.

Devoir : Dessinez le cours de la Seine et de ses affluents ; marquez les grandes villes (§ 230, 231, 232, 234). — Même devoir pour la Loire (§ 233, 235, 236). Voir la carte, p. 54.

Amiens.

Amiens, sur la Somme, est célèbre par ses étoffes, surtout par ses velours.

Autres villes importantes du Nord : **Tourcoing, Saint-Quentin**.

Nos pays du Nord ont aussi des *ports actifs* : **Dunkerque, Calais, Boulogne**.

233. Les villes de premier ordre, dans l'*Ouest*, sont : **Rouen, le Havre, Cherbourg, Brest, Nantes, Bordeaux**.

Ce sont avant tout des villes de commerce maritime ou des places de guerre ; on remarquera qu'elles sont toutes sur la mer, ou près d'elle, sur des fleuves navigables.

234. **Rouen** est situé sur la Seine, en un point où ce fleuve, profond et relevé par les marées, peut porter encore de gros navires de mer. Le commerce y est donc très favorisé ; Rouen est aussi une grande ville d'industrie : on y fabrique beaucoup de tissus de coton.

Le Havre, à l'embouchure de la Seine, est en quelque sorte le port de Paris et le grand intermédiaire entre la France, l'Angleterre et l'Amérique du Nord. Là sont débarquées les plus grosses cargaisons de coton et de café.

Cherbourg, sur la Manche, à l'extrémité de la presqu'île du Cotentin, est un port militaire. De grands travaux y ont été accomplis et sont continués pour abriter sa *rade* artificielle.

235. **Brest** est le premier port militaire de la France sur l'Atlantique. Il est situé au bord d'une rade naturelle, à l'extrémité de cette

Pont tournant à Brest.

péninsule rocheuse de Bretagne, peuplée de nombreux et habiles marins.

Nantes, à une certaine distance de l'embouchure de la Loire, est un port de commerce. Mais comme la Loire est encombrée de bancs de sable, il a fallu creuser un port, celui de **Saint-Nazaire**, à l'embouchure même du fleuve.

On travaille aussi à relier Nantes à la mer par un canal profond.

236. **Bordeaux** n'est pas sur l'Océan ; mais la Garonne y est très profonde et large, et les

Bordeaux.

plus gros navires peuvent venir charger ou décharger les marchandises sur les quais mêmes de la ville. Bordeaux a un commerce particulier, celui des vins célèbres qui portent son nom.

Remarquez sur la carte (p. 54) la situation toute voisine de Roubaix et de Tourcoing. — **Devoir** : Marquez sur une carte muette, ou sur un croquis, les ports de mer de la Manche et de l'Atlantique (§ 232, 234, 235 et 236, carte, p. 54).

Autres villes importantes dans l'Ouest : **Angers, le Mans, Rennes, Tours ; Lorient,** port de guerre, notre premier chantier de constructions militaires ; **Rochefort,** port de guerre.

Questionnaire.

Combien y a-t-il en France de villes ayant au moins 100 000 habitants ? — Quelles sont ces villes ? — Montrez-les sur la carte. — Parlez de Paris, de sa situation, etc. — Quelles sont les grandes villes du Nord ? — Pourquoi le Nord de la France a-t-il beaucoup de grandes villes ? — Parlez de Lille, de Roubaix, d'Amiens, de Reims. — Quels sont les ports de nos pays du Nord ?

Quelles sont les villes importantes de l'Ouest ? — Comment s'explique leur importance ? — Parlez de Rouen, du Havre. — Quelle est l'importance de Cherbourg, de Brest ? — Parlez de Nantes, de Bordeaux. — Montrez les villes de l'Ouest dont vous venez de parler. — Citez et montrez d'autres villes importantes de l'Ouest. — Y a-t-il dans l'Ouest beaucoup de ports de guerre ?

237. Le *Midi* de la France possède nos *villes les plus anciennes*. Le *voisinage de la Méditerranée* y a suscité un grand *commerce*. Enfin les plaines et les coteaux y sont d'une remarquable fertilité dans le voisinage des fleuves.

Les villes de premier ordre dans le Midi sont : **Toulouse, Nîmes, Marseille, Toulon, Nice.**

238. Toulouse, sur la Garonne, est une ville heureusement située, entre *Bordeaux* et *Marseille,* entre l'*Océan* et la *Méditerranée*; elle est aussi au centre d'un pays riche par l'agriculture. Ses habitants se sont toujours distingués par leur goût pour les lettres et les arts.

Nîmes est restée la plus importante de ces

Arènes de Nîmes.

cités romaines qui couvraient autrefois le Midi de la France. De beaux monuments, *temples, arènes, aqueducs,* témoignent de son ancienne prospérité.

239. Marseille, fondée par des colons grecs, *il y a près de vingt-cinq siècles,* n'a jamais cessé, depuis ces temps reculés, d'être un port de commerce prospère.

C'est la première ville du Midi, et le *premier port,* non seulement de la Méditerranée, mais de la France et de l'*Europe méridionale.* Elle envoie ses navires dans tous les parages de la Méditerranée, de l'Inde et de l'Indo-Chine, de la Chine, de l'Australie, de l'Afrique.

Elle reçoit des blés, des riz, des huiles; elle fabrique du savon, des produits chimiques.

Toulon est notre port de guerre le plus important, depuis que la France a acquis de vastes colonies dans la Méditerranée et dans l'Asie orientale. C'est là que stationne la plus forte de nos escadres, l'*escadre de la Méditerranée.*

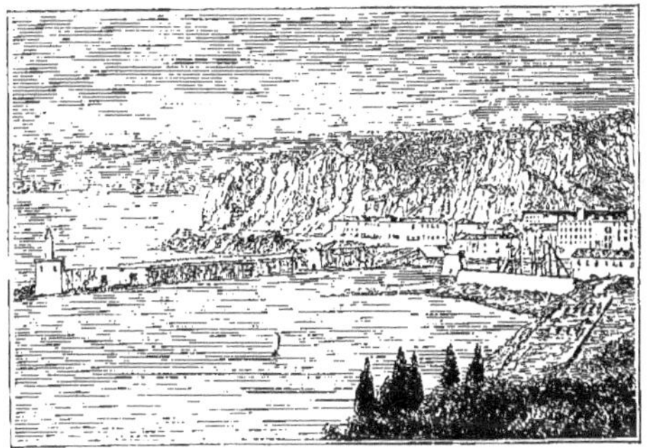

Le port de Nice.

Nice, au bord de la mer, jouit d'un climat d'une admirable douceur. C'est aussi une grande place forte sur la frontière d'Italie.

Autres villes importantes du Midi : **Montpellier; Cette,** port de commerce très actif ; **Béziers, Avignon.**

240. Les villes de premier ordre dans l'*Est* sont : **Lyon, Dijon, Besançon, Nancy.**

Lyon, au confluent du Rhône et de la Saône, est *la ville la plus peuplée de la France après*

Devoir : Dessinez le Rhône et ses principaux affluents (§ 203, 204, 205); indiquez à leur place les villes principales (§ 238, 239, 240, et carte, p. 54). — Même devoir pour la Garonne (§ 236, 238).

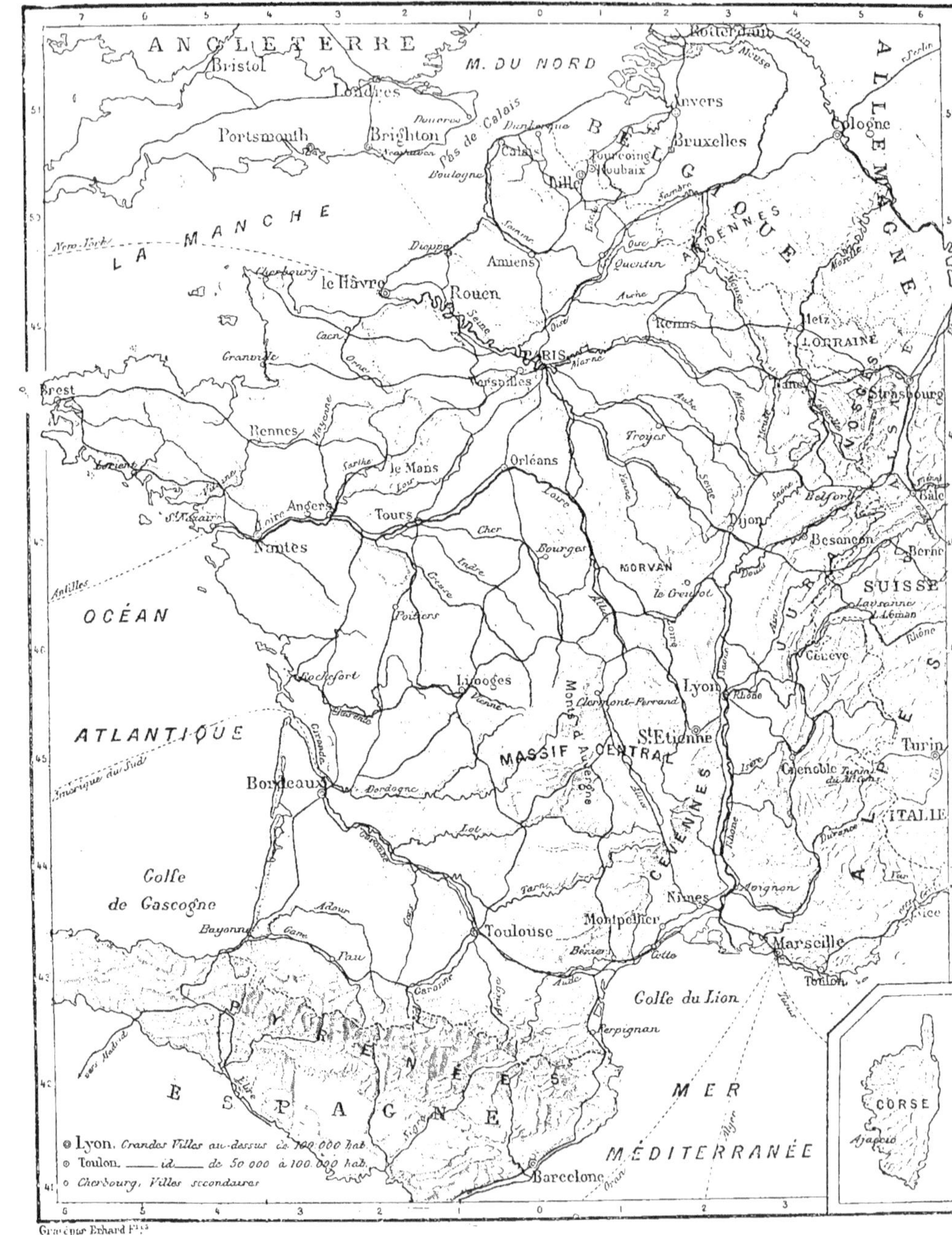
ANGLETERRE
Bristol
Londres
Portsmouth
Brighton
M. DU NORD
Pas de Calais
Douvres
Dunkerque
Calais
Boulogne
Lille
Anvers
Tourcoing
Roubaix
Bruxelles
BELGIQUE
Cologne
ALLEMAGNE
Rotterdam
Rhin
Berlin
Meuse
Marne
LA MANCHE
New-York
Cherbourg
le Havre
Dieppe
Amiens
Quentin
ARDENNES
Marche
Rouen
Seine
Oise
Aisne
Reims
Metz
LORRAINE
Caen
Orne
Granville
Brest
Rennes
Mayenne
Sarthe
le Mans
Loir
Orléans
Troyes
Aube
Seine
VOSGES
Strasbourg
Bâle
Lorient
Vilaine
Angers
Tours
Loire
Cher
Yonne
Loire
MORVAN
Dijon
Saône
Belfort
Besançon
Berne
SUISSE
St Nazaire
Nantes
Indre
Creuse
Bourges
le Creusot
Doubs
Antilles
OCÉAN
Poitiers
Vienne
Allier
JURA
Lausanne
L. Léman
ATLANTIQUE
Amérique du Sud
Rochefort
Charente
Limoges
Vienne
Monts d'Auvergne
Clermont-Ferrand
Lyon
Rhône
Genève
Rhône
Gironde
Bordeaux
Dordogne
MASSIF CENTRAL
St Etienne
CÉVENNES
Grenoble
Turin
Tunnel du Mt Cenis
ALPES
ITALIE
Lot
Isère
Durance
Golfe
de Gascogne
Bayonne
Adour
Garonne
Pau
Toulouse
Tarn
Montpellier
Béziers
Nîmes
Avignon
Rhône
Var
Nice
Marseille
Toulon
Garonne
Aude
Golfe du Lion
Ariège
Perpignan
MER
vers Madrid
PYRÉNÉES
Sègre
ESPAGNE
Ebre
MÉDITERRANÉE
Barcelone
Alger
CORSE
Ajaccio
Lyon. Grandes Villes au-dessus de 100.000 hab.
Toulon. ____ id ____ de 50.000 à 100.000 hab.
Cherbourg, Villes secondaires

Paris. Aucune autre ville du monde ne fabrique des *soieries* en quantité aussi grande, ni d'aussi belle qualité.

Dijon est au centre du pays qui produit les vins connus sous le nom de vins de Bourgogne.

Besançon, sur le Doubs, est le centre de l'industrie de l'*horlogerie*, qui s'exerce dans toute la région du *Jura*. C'est aussi une place

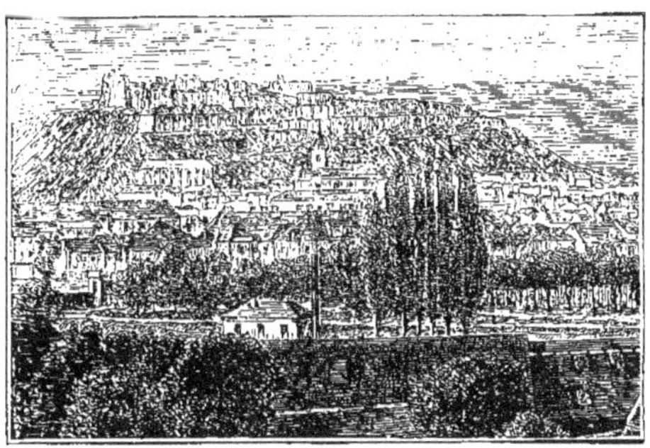

Citadelle de Besançon.

forte de premier ordre, qui fait partie, avec **Belfort**, de notre ligne de défense à l'est.

Nancy est aujourd'hui la dernière grande ville française du côté de l'Allemagne; elle possède de beaux monuments. C'est aussi une ville manufacturière très active.

Autre ville importante au sud-est : **Grenoble**, la grande place forte qui défend le passage des Alpes sur la frontière d'Italie.

244. Le *Centre* de la France n'a pas autant de grandes villes que le reste du pays, à cause du *massif* montagneux, aux roches dures et stériles, qui en occupe une notable partie. Mais, en quelques endroits privilégiés, l'exploitation des mines de *houille* a fait naître la grande industrie; là se sont élevées et développées rapidement plusieurs villes.

Les villes de premier ordre du Centre sont **Saint-Etienne** et **Limoges**.

242. **Saint-Etienne** est une de ces cités que l'industrie a prodigieusement accrues en peu d'années. On y fabrique des machines, des armes, des rubans.

Limoges, à l'ouest du Massif central, a nos plus grandes fabriques de porcelaine.

Autres villes importantes : **Clermont-Ferrand**, dans une belle et opulente plaine, qui pénètre le Massif central comme un golfe.

Le Creusot, près de grandes mines de houille,

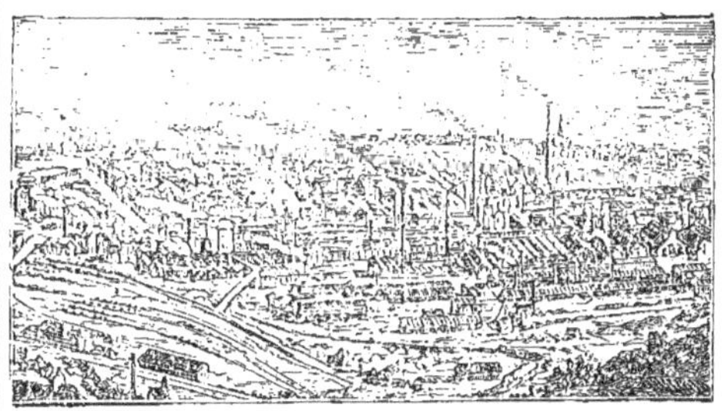

Le Creusot.

n'est qu'une usine, mais la plus considérable de l'Europe continentale.

243. Ces différentes villes marquent les points de la France où se développe la richesse qui vient de l'industrie et du commerce. Mais la France a une autre richesse, celle que lui donne l'*agriculture*, autrement dit la culture de la terre. Celle-là est répandue partout dans les campagnes, autour des moindres hameaux. Elle représente la plus grande partie de la fortune de notre pays.

Notre sol est un des plus fertiles du monde en *blé*, en *vin*, en *pommes de terre*, en *betteraves* : il nourrit de nombreux animaux.

De même, sur nos côtes s'élèvent beaucoup de gros bourgs, de villages, de hameaux, peuplés par des *pêcheurs*, qui demandent à la mer non seulement leur propre nourriture, mais aussi celle de bien des milliers de Français de l'intérieur des terres.

Questionnaire.

Quelle est la région de la France qui contient nos plus anciennes villes? — Quel est le caractère des pays du Midi? sont-ils surtout agricoles, commerçants? — Quelles sont les villes de premier ordre du Midi? — Parlez de Toulouse, de Nîmes, de Marseille. — Qu'est-ce que Toulon? — Par quoi Nice est-

Devoir : Dessinez la frontière de l'Est, de la Méditerranée à la mer du Nord; marquez les villes les plus voisines de cette frontière (carte, p. 54); les noms des États limitrophes.

elle remarquable? — Citez d'autres villes importantes du Midi. — Quelles sont les plus grandes villes de l'Est? — Parlez de Lyon, de Dijon, de Besançon, de Nancy. — Citez une ville forte située au centre des Alpes françaises.

Pourquoi le Centre de la France est-il moins peuplé que les autres régions? — Quelle cause y a développé quelques-unes de nos grandes villes? — Quelles sont les villes de premier ordre du Centre? — Parlez de Saint-Étienne, de Limoges. — Nommez et montrez d'autres villes importantes du Centre. — N'y a-t-il de richesse que dans les grandes villes? — Quelle est l'importance de la culture du sol? de la pêche en mer?

Résumer en citant : les places fortes, les ports de guerre, les ports de commerce, les villes surtout industrielles, etc. — Quels produits l'agriculture donne-t-elle dans votre pays? — Quelle est la grande ville la plus voisine du lieu que vous habitez?

CHAPITRE VII

VOIES DE COMMUNICATION DE LA FRANCE

244. On appelle **voies de communication** les *voies* par lesquelles les hommes se transportent d'une région à une autre, et se procurent les divers produits de leur pays ou des pays voisins.

Ces *voies* sont : la *mer*, les *rivières* et *canaux*, les *routes* et *chemins de fer*.

245. La **mer** est une *voie de communication naturelle* parcourue par les navires.

Les **cours d'eau** sont aussi des voies de communication naturelles, quoique souvent on les améliore en approfondissant leur lit.

On dit qu'une rivière devient *flottable* lorsqu'elle peut porter des radeaux et des trains de bois; elle est *navigable* lorsqu'elle peut porter des embarcations.

Un **canal** est une *rivière artificielle*, c'est-à-dire faite de main d'homme. Il sert à rendre plus facile la navigation d'une rivière, ou à joindre deux cours d'eau; il permet ainsi aux embarcations de parcourir un pays d'un bout à l'autre.

246. Les **voies de communication terrestres** sont toujours *artificielles*, c'est-à-dire que le travail de l'homme les a toujours ou créées ou perfectionnées. Les plus nombreuses et les plus anciennes sont les *routes*.

Une **route** est un chemin tracé de main d'homme, facile à reconnaître, et rendu assez solide et assez large pour que les voitures puissent y passer.

247. Les *routes* sont de différentes sortes en France.

Les **chemins vicinaux** sont les routes qui servent à faire communiquer entre elles les *communes* voisines; ils forment, à la surface de notre territoire, un *immense réseau*.

Les **routes départmentales** sont celles qui font communiquer entre elles les *différentes parties d'un département*.

Routes et chemin de fer.

Les **routes nationales** sont celles qui servent surtout à mettre *Paris* en communication avec les différentes parties de la France; elles vont ainsi d'une extrémité du pays à l'autre. Presque toutes les autres routes viennent y *aboutir*, comme les *affluents* au fleuve principal, ou les *traversent*.

248. Les **chemins de fer** sont des routes destinées à être parcourues par des *trains* mus à l'aide de la vapeur. Leur nom vient de ce qu'ils sont recouverts de *bandes de fer* appelées *rails*, où s'adaptent les roues des wagons.

Toutes les parties de la France communiquent entre elles ou avec l'étranger par ces différentes voies.

Les transports de marchandises sont moins coûteux par voie ferrée que par route, moins par rivière ou canal que par voie ferrée, moins encore par mer que par rivière ou canal.

249. La France est un pays bien pourvu de voies de communication naturelles et artificielles.

D'abord, par son **littoral**, que baignent la

Voyez sur la carte (p. 54) quelles rivières sont réunies par des canaux. — Exercez-vous sur la carte à voir comment on irait en bateau de Lyon à Paris; de Lyon à Nantes, etc., sans sortir de France (§ 250).

mer du Nord, la Manche, l'océan Atlantique et la Méditerranée, elle est en relations faciles avec les plus riches pays du monde.

Ses *côtes septentrionales* sont proches des pays du nord de l'Europe et des îles Britanniques, si commerçantes.

A l'*ouest*, ses ports sont en face du Nouveau Monde, et en particulier du Canada et des États-Unis.

Au sud-est, par la *Méditerranée*, la France communique directement avec l'*Europe méridionale*, avec une partie de l'*Asie* et avec le nord de l'Afrique.

Depuis que le canal de Suez a été creusé, les navires peuvent passer de la *Méditerranée* dans l'*océan Indien*.

250. Nos *fleuves*, il est vrai, ne sont pas tous très favorables à la navigation.

La *Seine* rend les meilleurs services aux navires, qui la remontent fort loin. Paris voit aujourd'hui d'assez gros bateaux à vapeur débarquer des marchandises d'outre-mer.

Mais le *Rhône*, dont les eaux sont profondes, est souvent d'une navigation difficile à cause de sa rapidité. La *Loire* manque d'eau en été et est encombrée de bancs de sable. La *Garonne* même, sauf dans son cours inférieur, n'a pas toujours assez d'eau pour la grosse batellerie.

Mais on a amélioré ces fleuves ou suppléé à leur insuffisance en les bordant de canaux, qu'on nomme pour cette raison **canaux latéraux**.

Enfin on a joint par d'autres canaux, dits **canaux de jonction**, le Rhône à la Seine et à la Loire, la Garonne à l'Aude, c'est-à-dire la **Manche** et l'**Atlantique** à la **Méditerranée**.

251. Les **chemins de fer français** peuvent se décomposer en *deux sortes de lignes*. Les unes, et ce sont les plus importantes, vont de Paris aux grandes villes des extrémités de la France, à *Lille* et *Calais*, au *Havre*, à *Brest*, à *Nantes*, à *Bordeaux*, à *Lyon* et à *Marseille*, à *Belfort*, à *Nancy*.

De ces villes, elles se prolongent jusqu'aux pays voisins et se *raccordent* avec les réseaux étrangers.

D'autres lignes relient les unes aux autres ces voies rayonnantes, ou font communiquer entre elles les différentes parties du pays.

252. Nos voies de communication sont très fréquentées ; on y transporte une grande quantité de marchandises et un nombre considérable de voyageurs. Le *transport des voyageurs* se fait de plus en plus par voie ferrée ; quant aux *marchandises*, les plus *lourdes et encombrantes* emploient beaucoup la mer, les rivières et canaux, à cause du bon marché ; les plus précieuses sont expédiées par chemin de fer.

Questionnaire.

Qu'appelle-t-on voies de communication? — Quelles sont les différentes sortes de voies de communication? — Expliquez ce que sont les voies de communication par eau, par terre. — Les voies de communication par eau sont-elles toutes naturelles? — Quelles sont les voies de communication artificielles? — Décrivez les différentes espèces de routes, les chemins de fer. — Quelles sont les voies de communication les plus économiques pour le transport des marchandises? — Rangez-les par ordre de cherté.

La France est-elle bien pourvue de voies de communication? — Avec quels pays est-elle en relations faciles par son littoral du Nord, de l'Ouest, du Midi? — La France est-elle bien pourvue de fleuves navigables? — Quel est le plus commode de ses fleuves à cet égard? le moins avantageux? — Que valent le Rhône, la Garonne, comme voies de communication? — Par quel moyen a-t-on remédié à l'insuffisance de quelques fleuves? — Comment appelle-t-on les canaux qui joignent deux fleuves? — Nos fleuves sont-ils unis entre eux par des canaux?

Quel est le tracé de nos principales lignes de chemins de fer? — La France communique-t-elle par chemins de fer avec le reste de l'Europe? — Nos grandes lignes de chemins de fer ne sont-elles pas reliées entre elles? — Quel moyen de transport préfère-t-on pour les marchandises lourdes et encombrantes? pour les voyageurs?

Où va la route qui traverse le lieu où vous habitez? — le chemin de fer le plus voisin? — Existe-t-il un canal dans le voisinage? — Avec quelles villes facilite-t-il le commerce? — Qu'y transportent les bateaux que vous voyez passer?

CHAPITRE VIII

GOUVERNEMENT ET ADMINISTRATION DE LA FRANCE

253. Le gouvernement de la France est le **gouvernement républicain**. Ce mot « République » signifie que tous les Français prennent part à la direction des « affaires publiques » de leur pays. Tous votent pour nommer des hommes chargés de les représenter ; c'est ce qu'on appelle le « suffrage universel ».

Remarquez sur la carte (p. 23) la différence de longueur entre le trajet de Marseille vers l'Inde et l'Indo-Chine par le canal de Suez ou le tour de l'Afrique.

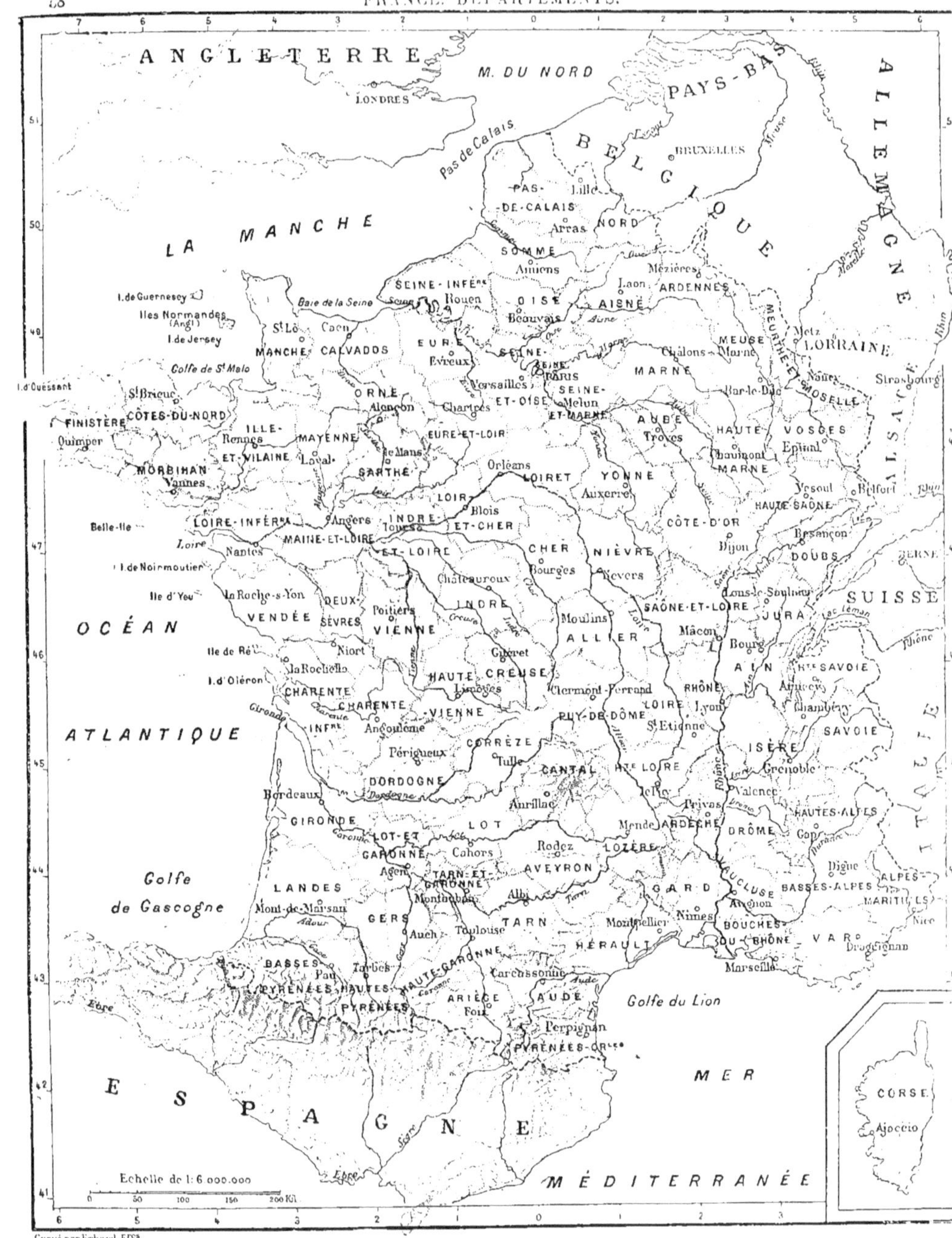
ANGLETERRE
M. DU NORD
PAYS-BAS
BELGIQUE
ALLEMAGNE
LONDRES
BRUXELLES
Pas de Calais
LA MANCHE
PAS-DE-CALAIS
Lille
NORD
Arras
SOMME
Amiens
Mézières
ARDENNES
Laon
AISNE
I. de Guernesey
Baie de la Seine
SEINE-INFEre
Rouen
OISE
Beauvais
Iles Normandes (Angl)
I. de Jersey
St Lô
Caen
MANCHE
CALVADOS
EURE
Évreux
SEINE
MEUSE
MEURTHE-ET-MOSELLE
Metz
LORRAINE
Châlons-Marne
Nancy
Strasbourg
Golfe de St Malo
PARIS
Versailles
MARNE
I. d'Ouessant
St Brieuc
CÔTES-DU-NORD
ORNE
Alençon
SEINE-ET-OISE
Melun
Chartres
SEINE-ET-MARNE
AUBE
Troyes
HAUTE-MARNE
Chaumont
VOSGES
Épinal
FINISTÈRE
Quimper
ILLE-ET-VILAINE
Rennes
MAYENNE
Laval
EURE-ET-LOIR
Le Mans
SARTHE
Orléans
LOIRET
YONNE
Auxerre
HAUTE-SAÔNE
Vesoul
Belfort
MORBIHAN
Vannes
Angers
LOIR-ET-CHER
Blois
Tours
CÔTE-D'OR
Dijon
Besançon
DOUBS
BERNE
Belle-Ile
LOIRE-INFERre
Nantes
Loire
MAINE-ET-LOIRE
INDRE-ET-LOIRE
CHER
Bourges
NIÈVRE
Nevers
SUISSE
I. de Noirmoutier
Île d'Yeu
La Roche-s-Yon
VENDÉE
DEUX-SÈVRES
Poitiers
VIENNE
INDRE
Châteauroux
Creuse
Moulins
ALLIER
SAÔNE-ET-LOIRE
Mâcon
Bourg
JURA
Lons-le-Saunier
Lac Léman
OCÉAN
Île de Ré
Niort
Guéret
AIN
Hte SAVOIE
Annecy
I. d'Oléron
La Rochelle
CHARENTE
HAUTE-CREUSE
Limoges
Clermont-Ferrand
PUY-DE-DÔME
St Étienne
RHÔNE
Lyon
LOIRE
Chambéry
SAVOIE
ATLANTIQUE
CHARENTE-INFre
Angoulême
VIENNE
CORRÈZE
Tulle
CANTAL
Aurillac
Hte LOIRE
ISÈRE
Grenoble
Périgueux
DORDOGNE
Bordeaux
Dordogne
GIRONDE
LOT
LOT-ET-GARONNE
Cahors
Rodez
AVEYRON
Mende
LOZÈRE
ARDÈCHE
Privas
Valence
DRÔME
HAUTES-ALPES
Gap
Golfe de Gascogne
LANDES
Mont-de-Marsan
Adour
Agen
TARN-ET-GARONNE
Montauban
Albi
TARN
GARD
Nîmes
Montpellier
BOUCHES-DU-RHÔNE
Digne
ALPES-MARITIMES
Nice
VAR
Draguignan
GERS
Auch
Toulouse
HÉRAULT
Avignon
VAUCLUSE
Marseille
BASSES-PYRÉNÉES
Pau
Tarbes
HAUTES-PYRÉNÉES
HAUTE-GARONNE
Garonne
ARIÈGE
Foix
AUDE
Carcassonne
Golfe du Lion
Perpignan
PYRÉNÉES-ORles
ESPAGNE
MER
CORSE
Ajaccio
MÉDITERRANÉE
Échelle de 1:6 000 000
0   50   100   150   200 Kil

Le gouvernement de la République est confié à un **Président de la République**, assisté de *ministres*, et qui a auprès de lui un **Sénat** et une **Chambre des Députés**, élus par le pays.

254. Pour l'*administration*, la France est divisée en parties d'étendue à peu près égale, qui se nomment **départements**.

Il y a 86 départements.

Les départements portent des *noms emprun-tés aux fleuves*, aux *montagnes*, aux *mers*, etc.

Ainsi il y a les départements de la Seine-Inférieure, de la Haute-Loire, de la Loire, des Bouches-du-Rhône. Parfois on associe les noms de *deux cours d'eau* qui passent dans le même département : par exemple, Seine-et-Marne, Indre-et-Loire, Tarn-et-Garonne, etc.

Parmi les *noms empruntés aux montagnes*, et qui sont beaucoup moins nombreux que ceux empruntés aux fleuves, on peut citer les Hautes-Alpes, les Basses-Alpes, les Basses-Pyrénées, les Hautes-Pyrénées.

Ailleurs on a pris le nom d'un *détroit*, le Pas-de-Calais ; d'une *mer*, la Manche, ou bien un *terme plus général*, les Côtes-du-Nord.

Il est très rare qu'on emploie un mot dési-gnant l'*aspect du pays*, comme les Landes.

255. Les *limites* des départements sont *de pure convention*. La division même en dépar-tements a été imaginée pour faire oublier l'ancienne division de la France en grandes *provinces*, et rapprocher plus étroitement les Français de toutes les parties du territoire.

256. Chaque *département* est divisé en **arron-dissements**.

Chaque *arrondissement* est divisé en **com-munes**.

Le *département* est administré par un **préfet**. La ville où réside le préfet est le **chef-lieu du** département.

L'arrondissement est administré par un **sous-préfet**.

La **commune** est la *plus petite* des divisions de la France.

On appelle *commune* un territoire dans lequel se trouve un groupe de maisons, village, bourg ou ville, qui en est le *chef-lieu*.

La commune est administrée par un **maire**.

257. Dans chaque *département* est élu un **con-seil général**, dans chaque *arrondissement* un **conseil d'arrondissement**, dans chaque *com-mune* un **conseil municipal**.

Plusieurs communes réunies forment un **canton**.

Questionnaire.

Quel est le gouvernement de la France ? — Par qui la France est-elle gouvernée ? — Comment la France est-elle divisée pour l'administration ? — A quels termes géographi-ques sont empruntés les noms des départements ? — Citez et montrez sur la carte des départements portant des noms de cours d'eau, de montagnes, de détroit, de mer, etc. — Les limites des départements sont-elles naturelles ou artifi-cielles ?

Comment sont divisés les départements ? les arrondisse-ments ? — Par qui est administré le département ? l'arron-dissement ? — Qu'est-ce qu'une commune ? — Comment est administrée une commune ? — Qu'est-ce qu'un canton ? — Quelle est la plus grande des divisions de la France ? — Quelle est la plus petite ?

Dites le canton dont votre commune fait partie, l'arron-dissement, le département.

CHAPITRE IX

COLONIES FRANÇAISES

258. La France ne comprend pas seulement le territoire qui porte ce nom en Europe. La patrie française se complète par beaucoup d'autres pays, qui se sont complètement sou-mis à nos lois, ou placés seulement sous notre protection.

Les premiers sont appelés **colonies** ; les seconds, **pays de protectorat**.

Les uns et les autres sont, malgré cette diffé-rence de noms, intimement *associés à notre vie nationale*. Les colonies sont encore la patrie ; elles sont habitées par beaucoup de Français, et contribuent à la grandeur et à la richesse de la France. Sans elles nous n'aurions ni autant d'industrie, ni surtout autant de commerce.

La France a des colonies en *Afrique*, en *Asie*, en *Océanie*, en *Amérique*.

259. Les colonies d'**Afrique** sont les plus nombreuses et les plus étendues.

Au nord, se trouvent l'**Algérie** et la **Tunisie**.

Cherchez sur la carte (p. 58) d'autres noms de départements empruntés aux rivières, aux montagnes (voir § 254). — **Devoir** : Indiquez dans quels départements se trouvent les douze villes de France les plus peuplées (§ 229 et carte, p. 58).

Alger.

Ce sont deux pays qui ressemblent en partie à nos provinces du Midi baignées par la Méditerranée; aussi nos compatriotes s'y sont-ils établis en grand nombre, pour cultiver les *céréales*, la *vigne* et l'*olivier*. L'Algérie est organisée en *départements*, et la Tunisie est placée sous notre protectorat.

260. La capitale de l'Algérie est **Alger**, qui est à moins de trente heures de Marseille, et à moins de cinquante heures de Paris.

Tunis, capitale de la Tunisie, est une grande ville de commerce.

L'Algérie est peuplée d'*Européens*, surtout de *Français*, au nombre d'un demi-million, de *Kabyles*, d'*Arabes*, et de *nègres* venus de l'intérieur de l'Afrique.

261. Au sud de l'Algérie, l'influence de la France s'étend, par le désert du Sahara, jusqu'au Sénégal et au Soudan français.

Ces deux pays, ainsi que le Congo français, situé plus au sud, sont chauds et humides.

Les Européens n'y peuvent séjourner longtemps sans danger pour leur santé. On y récolte des graines oléagineuses, des gommes, etc.

262. A l'est de l'Afrique, la petite île, riche et peuplée, de **la Réunion**, est une de nos plus précieuses colonies; on y récolte du *café*, de la canne à sucre, de la vanille. Et puis les Français de la Réunion contribueront à coloniser la grande île de **Madagascar**, placée depuis quelques années sous notre *protectorat*.

263. En **Asie**, nous possédons **Pondichéry** et quatre villes ou comptoirs de l'Inde.

Notre colonie de l'Indo-Chine, composée du

Saint-Pierre, à la Martinique.

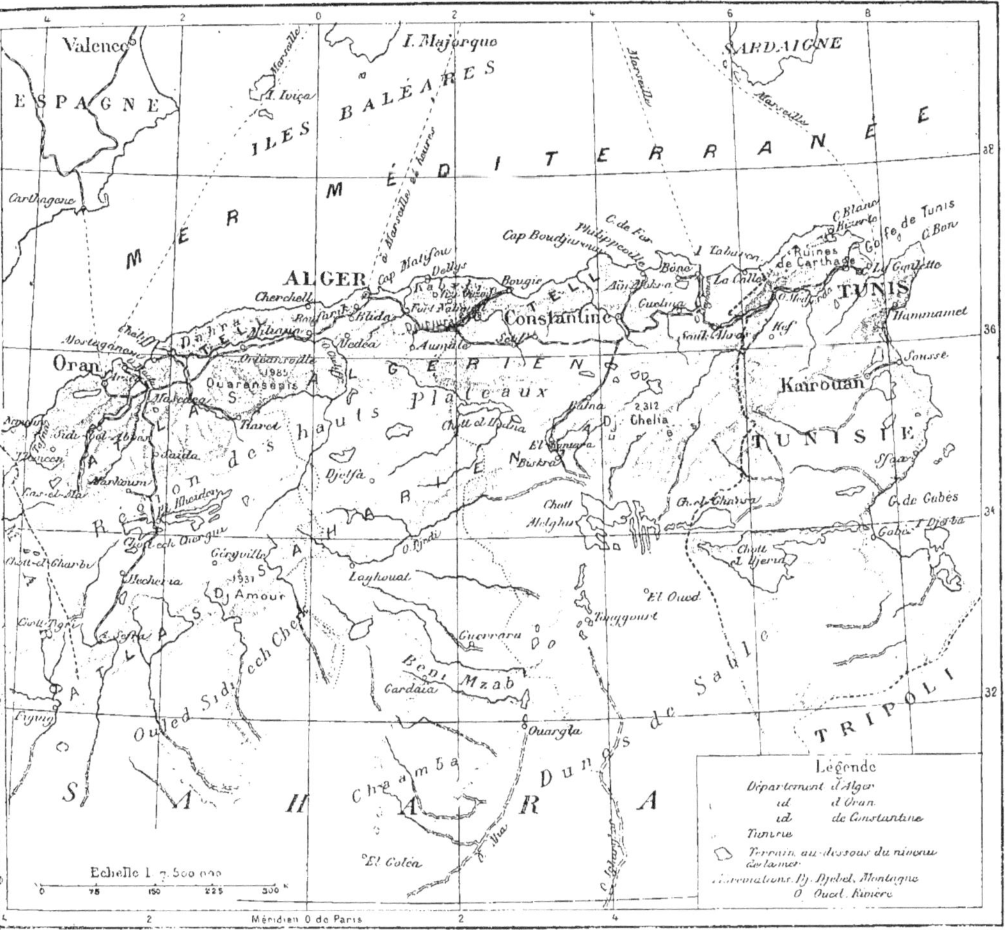

Tonkin, de l'**Annam** et de la **Cochinchine**, a une importance beaucoup plus grande : elle est peuplée de *30 millions d'habitants*, riche en mines, prodigieusement fertile en *riz*.

264. Les principales colonies d'**Amérique** sont les îles de la **Martinique** et de la **Guadeloupe**, riches en *sucre*, en *café*, en bois précieux, aussi françaises de cœur et de mœurs que deux de nos meilleurs départements.

La Guyane, dans l'Amérique du Sud, est encore à peine exploitée.

265. En **Océanie**, nous possédons un grand nombre d'îles, parmi lesquelles la plus considérable est la **Nouvelle-Calédonie**, capitale *Nouméa*.

Cette île, trois fois plus étendue que la Corse,

Devoir : Par quelles mers iriez-vous de France en Algérie, puis au Sénégal, de là aux Antilles, enfin à Tahiti et en Nouvelle-Calédonie? Par où reviendriez-vous en France?

contient de précieuses mines de *houille*, de *cuivre*, de *nickel*. Ses *pâturages* nourrissent de nombreux bestiaux ; ses *forêts* regorgent de bois de construction, et d'ébénisterie.

266. Le commerce que la France fait avec ses colonies est très considérable. Et puis, en traitant avec justice et douceur les hommes d'autre race que nous, qui vivent sous nos lois, nous leur faisons aimer notre patrie. Ils deviennent peu à peu des défenseurs de la France au même titre que nous.

267. Il y a encore beaucoup d'hommes de *notre race* et de *notre langue* sur des terres qui ne sont pas, ou qui ne sont plus françaises. Ainsi au *Canada*, ancienne colonie française, il y a plus d'un million et demi de Français toujours fiers de leur ancienne patrie.

Questionnaire.

Qu'est-ce qu'une colonie ? — Qu'est-ce qu'un pays de protectorat ? — Où la France a-t-elle des colonies ? — Dans quelle partie du monde la France a-t-elle ses colonies les plus nombreuses et les plus grandes ?

Où sont l'Algérie et la Tunisie ? — Quelles sont les cultures de ces deux pays ? — Les Français peuvent-ils s'y établir et y vivre comme en France ? — Quelle est la capitale de l'Algérie ? de la Tunisie ? — Y a-t-il beaucoup d'Européens en Algérie ? — Quels sont les autres habitants ? — Quelles sont les colonies de la France dans l'ouest de l'Afrique ? — Que produisent-elles ? — Les Français y peuvent-ils vivre comme chez eux ? — Quelles sont les colonies françaises dans l'est de l'Afrique ? — Montrez leur importance.

Quelles sont les colonies françaises de l'Inde ? de l'Indo-Chine ? — Citez les produits de l'Indo-Chine française. — Où sont situées les colonies françaises de la Guadeloupe et de la Martinique ? — Dites leurs produits, leur importance. — Où est la Guyane ? — Où est la Nouvelle-Calédonie ? — Dites ses produits. — Quelle est l'utilité de nos colonies ? — Y a-t-il d'autres groupes de Français hors de France et de nos colonies ?

TABLE DES MATIÈRES

Coulommiers. — Imprimerie P. BRODARD et GALLOIS.

DEVOIRS DE RÉCAPITULATION

PREMIÈRE PARTIE

1. — Dessinez un golfe dont l'entrée est resserrée en détroit, chaque côté du détroit se terminant par un cap : à l'intérieur du golfe figurez une île.

2. — Dessinez un lac avec le cours d'eau qui le forme et son déversoir; représentez ce déversoir comme un fleuve qui, après sa sortie du lac, reçoit deux affluents, un à droite et un à gauche.

3. — Dessinez *très simplement* la carte du pays que vous connaissez autour de votre ville ou de votre village.

4. — Notez quelques faits géographiques dont votre pays n'offre pas d'exemple.

5. — Imaginez que vous venez d'accomplir un grand voyage : racontez-le. Vous passez par toutes les zones du globe, dans des pays de climats très différents. Dites les plantes que vous auriez vues dans chaque zone.

6. — Dessinez l'image du globe en marquant les pôles, l'équateur, les tropiques, les cercles polaires, en indiquant les zones.

DEUXIÈME PARTIE

7. — Dites les noms des continents, pays, villes que vous vous rappelez sur les bords de l'Atlantique.

8. — Même devoir pour l'océan Pacifique.

9. — Même devoir pour l'océan Indien.

10. — Même devoir pour la Méditerranée.

11. — Énumérez les plus hautes montagnes du monde, par ordre d'importance, en disant dans quelles parties du monde elles se trouvent, si elles renferment de grands glaciers. Faites un dessin de l'Ancien Continent, un du Nouveau Continent, sur lequel les grandes montagnes seront marquées.

12. — Quelles sont les parties du monde qui ont des terres comprises dans la zone torride? dites quel est le climat de ces pays.

Supposez un voyage autour du monde dans la zone torride; racontez à travers quelles mers, quelles parties du monde vous avez voyagé.

13. — Dites quels sont les plus grands fleuves du monde; indiquez à quel pays appartient chacun d'eux, dans quelle zone du climat il se trouve.

14. — Montrez quel est l'océan qui reçoit le plus de grands fleuves, la partie du monde qui possède les plus nombreux; nommez-les.

15. — Supposez un voyage dans les principales régions de déserts. Dites dans quelles parties du monde ce voyage vous mènera successivement. Est-ce l'Ancien ou le Nouveau Continent qui en renferme le plus?

16. — Un grand négociant en denrées coloniales vous charge d'aller acheter pour lui du café dans les pays du monde qui en produisent. Racontez votre voyage en disant quels océans vous traversez, en quels pays vous abordez, quelles villes importantes vous rencontrez en route. Les contrées que vous avez visitées pour cette recherche ne se trouvent-elles pas toutes dans la même zone de climat?

17. — Un autre négociant vous charge de lui rapporter de grosses cargaisons de riz, de thé, de caoutchouc. Racontez votre voyage en disant quels pays vous aurez visités.

18. — Voyage dans les principaux archipels du monde. Dites les mers que vous traversez pour les visiter.

TROISIÈME PARTIE

19. — Supposez que vous êtes soldat, que vous changez de garnison pendant vos trois années de service, en passant chaque fois quelques mois à Nice, à Grenoble, à Belfort, à Nancy. Dites pour chacune de ces régions quelles montagnes se trouvent dans le voisinage, quelle mer, quel fleuve; quelle frontière vous auriez à défendre.

20. — Un marin fait, en qualité d'élève-pilote, le tour des côtes de France en passant par le détroit de Gibraltar, de Nice à Dunkerque. Dites quels pays il aura vus, où il aura rencontré en France des côtes élevées ou plates; quels grands ports de commerce et de guerre, etc., il aura pu visiter.

21. — Un ami vous offre de faire, pendant les vacances, une promenade en bateau à vapeur sur un des plus grands fleuves de France. Choisissez un fleuve; dites les villes que vous visiterez, les montagnes dont vous vous approchez en remontant ce fleuve.

22. — Faites le récit d'un voyage le long des côtes de l'océan Atlantique. Citez les colonies françaises que vous y rencontrez, leurs climats, leurs grandes villes.

23. — Même question pour la Méditerranée.

24. — Même question : 1° autour de l'Afrique; 2° sur les côtes de l'océan Indien; 3° autour de l'Asie.

Exercices d'observation pouvant donner lieu à des devoirs écrits.

25. — Chacun de vous ira dimanche se promener vers un endroit élevé. Il regardera de tous côtés et tâchera de bien retenir ce qu'il a aperçu. A son retour, il racontera par écrit :

1° Comment était borné son horizon;

2° Ce qu'il a vu, montagnes ou collines, rivières ou ruisseaux, mer ou lac, marais, etc.

26. — Interrogez, parmi les amis de votre famille, un homme du pays qui a été soldat ou marin, qui a visité en France ou aux colonies des contrées différentes de celle que vous habitez. Demandez-lui en quoi différaient le climat, les plantes, les animaux, les hommes de ces contrées, quel commerce on y faisait, à quelle industrie on travaillait. Écrivez ce qui vous a le plus intéressé.

27. — Si vous jetez un bouchon de liège dans le ruisseau ou dans la rivière qui passe près de chez vous, cherchez où ira ce bouchon si rien ne l'arrête.

28. — Prenez la route de *** à ***, en troupe de trois, quatre ou cinq camarades. L'un étudiera les changements de direction de cette route vers les divers points cardinaux, en regardant le soleil, etc. L'autre regardera quels sont les montagnes, collines, vallées, rivières, ruisseaux à droite de la route; un autre à gauche, etc.

29. — Quand il pleut dans le pays, observez d'où viennent les nuages. Dites d'où viennent les pluies chaudes, les pluies froides. En quels mois pleut-il le plus ici? En quels mois le ciel est-il le plus couvert?

30. — Quelles sont les sources les plus abondantes du pays qui vous environne? Allez les voir un jour de promenade et décrivez-les.

* 9 7 8 2 0 1 9 5 6 6 6 5 4 *